# LA PHILOSOPHIE

## DE

# JULES LACHELIER

PAR

## GABRIEL SÉAILLES

PROFESSEUR A LA SORBONNE

PARIS

LIBRAIRIE FÉLIX ALCAN

108, BOULEVARD SAINT-GERMAIN, 108

1920

# LA PHILOSOPHIE

## DE

# JULES LACHELIER

# LA PHILOSOPHIE DE JULES LACHELIER

## CHAPITRE PREMIER

### LA DIALECTIQUE NÉGATIVE. L'EMPIRISME.
### LA THÉORIE DE LA SUBSTANCE (1)

Jules Lachelier semble avoir mis à se laisser ignorer les soins que d'autres mettent à se faire connaître. Comme Descartes, il n'aimait pas le bruit. Sa thèse sur le fondement de l'induction a été son *Discours de la méthode*. Le style en rappelle celui des inscriptions, où la nécessité d'épargner le marbre condense la pensée en formules pressées. Mais, s'il a peu écrit, par un long enseignement à l'École normale il a exercé sur la philosophie française une influence dont il faut tenir compte. En maintenant le goût des hautes spé-

1. *Du fondement de l'induction suivie de Psychologie et métaphysique et de notes sur le Pari de Pascal.* Bibliothèque de philosophie contemporaine, 6ᵉ édition, Félix Alcan, éditeur. — *Études sur le syllogisme suivies de l'observation de Platner et d'une note sur le Philèbe.* Bibliothèque de Philosophie contemporaine, Félix Alcan, éditeur. — Cours inédits professés à l'École normale : *Psychologie, Logique, Morale, Politique, Théodicée.*

culations, il l'a défendue de l'invasion du positivisme;
en posant les problèmes dans toute leur difficulté, il
l'a guérie de la maladie de l'éloquence. Il n'a pas
donné à ses élèves un système tout fait, il leur a donné
un esprit; en pensant devant eux, il leur a appris à
penser.

L'enseignement à l'École normale était une épreuve.
L'esprit critique y était fort développé : on ne soup-
çonnait pas encore le germe de stérilité que cache
cette manie irritante d'analyse, de dénigrement et
d'ironie; on s'en apercevait plus tard, dans l'isole-
ment de la province, par l'impuissance de s'intéresser
à rien. Étant content de soi, on était difficile pour
les autres. Mais aussi on avait l'horreur des mots, des
phrases, des qualités brillantes, qui cachent un effort
pour plaire, de tout charlatanisme, de toute rhéto-
rique. On craignait d'être dupe, on ne voulait pas
être amusé. Il n'y a qu'une chose dont on ne se las-
sait pas à l'École normale, il faut le dire à son hon-
neur : c'est de ce qu'on pourrait appeler les vertus de
l'intelligence. On y aimait la simplicité, le sérieux, la
sincérité, la conscience, toutes les qualités de l'esprit
qui sont en même temps des qualités du caractère.
Tout contribuait à l'autorité de Lachelier, sa méthode scrupuleuse, son respect inquiet de la vérité,
ses hésitations à affirmer, sa prudence comme ses
hardiesses. Il se croyait si difficilement lui-même qu'on
était tenté de le croire sur parole. Sa supériorité s'im-
posait. Surtout il avait cette force rare d'échapper à
l'analyse. On n'avait pas sa formule. Il éveillait une
curiosité bienveillante, qui ne parvenait pas à se satisfaire. Le contraste apparent de ses croyances bien
connues avec la hardiesse de ses vues spéculatives

ajoutait à son enseignement le charme d'un mystère psychologique qui soutenait l'intérêt. On le cherchait dans ses paroles sans indiscrétion, avec la volonté de découvrir la logique supérieure qui préside à toutes les démarches d'un grand esprit, qu'il le sache ou qu'il l'ignore.

Lachelier était encore à l'École normale, quand le hasard d'un examen le mit en présence de Ravaisson. Ce fut le principe d'une amitié durable et d'un commerce d'esprit qui, sans rien enlever à la liberté du disciple, l'aida à prendre conscience de lui-même. D'après Ravaisson, l'esprit n'a qu'à s'approfondir pour atteindre l'Etre et ses lois. Trait d'union entre le monde et Dieu, il trouve en lui de quoi entendre la nature et l'absolu. La métaphysique, c'est la vision immédiate de l'Etre, développée par l'analyse réfléchie. Lachelier accepte cette formule, mais il lui donne un sens nouveau. La négation de toute substance étrangère à l'esprit, c'est la philosophie même, qui n'existe que si tout est intelligible. Mais la méthode intuitive repose sur une expérience intérieure : elle affirme, elle ne prouve pas. Les clartés du sentiment trop souvent se voilent et s'obscurcissent. Il ne s'agit pas de persuader, mais de convaincre, de faire appel à la complaisance individuelle, mais de contraindre l'esprit par la force irrésistible de l'enchaînement dialectique. Ravaisson a donné à Lachelier le principe et la conclusion de sa philosophie : l'esprit est ce qui est. Kant lui a donné le sens de cette formule, la méthode qu'elle contient. S'il n'y a pas d'objet extérieur à la pensée, il suffit d'analyser la pensée pour y trouver l'objet. Le monde ne peut être qu'un jeu d'idées, c'est-à-dire l'esprit absolu traversant des formes qui le travestissent jusqu'à le rendre méconnaissable. Dieu, c'est l'esprit ramené en lui-même, se distinguant par la réflexion de l'objet qu'il crée. Il semble qu'il y ait dans Kant une idée perpétuellement sous-entendue : l'esprit est absolu ; Lachelier l'exprime. Pour saisir sa philosophie dans ses éléments et dans ses origines psychologiques, si j'ose dire, il faut imaginer un esprit séduit tout à la fois par le mécanisme de Descartes, par la philosophie de la force de Leibniz, par la méthode intuitive de Ravaisson, et trouvant dans une méditation prolongée des trois critiques de Kant le sens et l'unité de ces divers points de vue.

L'esprit absolu prend toujours, il faut l'avouer, quelque chose de l'esprit de ses interprètes. La vérité sans doute est impersonnelle, mais il y a un art tout individuel de la rechercher. Lachelier aime les subtilités, les arguments adroits, la défense habile des vérités relatives. Il y a en lui ce trait de race, qu'on trouve dans le grand Corneille, l'esprit processif, la subtilité, la réserve normande. Il n'aime pas à affirmer. Il ne s'y résout que quand il s'y est comme réduit lui-même, en épuisant toutes les hypothèses possibles. Il est à la fois hésitant et très hardi : deux formes en lui de la sincérité. C'est une grande audace, sous une apparence de timidité parfois, de ne dire que ce que l'on pense, mais de dire tout ce qu'on pense. Il se plaît à la méthode critique, qui n'engage pas d'un seul coup, qui permet de s'attarder, de revenir sur ses pas, de changer de route, d'assurer le terrain et de n'avancer qu'à coup sûr. Il n'arrive à sa pensée qu'en traversant la pensée des autres, qu'il fait sienne, . qu'il transforme, qu'il réfute dans toutes ses méta-

morphoses. Ce n'est que contraint, forcé, ayant été
dans tous les sens, ne pouvant plus s'échapper, qu'il
donne la solution qui rend compte des solutions ap-
parentes et tranche la difficulté. Sa philosophie est
une recherche laborieuse, un effort parfois pénible
vers la vérité, une marche lente et progressive, qui le
conduit, par les opinions qu'il combat, par les hypothèses qu'il rejette, à la méthode qu'il adopte, et par
les démarches compliquées de cette méthode analytique, à travers les doutes et les négations, jusqu'à la
vérité définitive. Tout est pensée : l'objet est créé
par le sujet. La philosophie établit cette première vérité et la développe. En analysant les éléments des
illusions nécessaires, elle affranchit l'esprit, elle le
rend à lui-même. Il faut aller d'abord des faux systèmes au premier principe de toute philosophie, puis
de la pensée au monde, pour revenir du monde à la
pensée dont, à vrai dire, on n'est pas sorti. Après
avoir fait ce qu'on pourrait appeler la philosophie de
la nature, il faut étudier la pensée, d'abord en tant
qu'elle-même est comprise et se voit dans le monde
qu'elle crée, ensuite en tant qu'elle se dégage par la
réflexion, par la moralité, par la science et l'adoration de l'absolu. Pour faire sortir la moisson de terre,
le paysan la brise, la remue, la creuse ; ainsi la moisson de vérité sort de l'esprit remué en tous sens,
agité jusqu'en ses profondeurs, où son germe dor-
mait.

I

La méthode dialectique et progressive s'avance
par les théories possibles qui expriment une vue de la

pensée jusqu'à la vérité qui doit exprimer la pensée même. L'esprit cherche d'abord dans les phénomènes, la raison de ses lois. La philosophie de l'expérience semble le point de départ naturel de la réflexion, sa première démarche. Parti de France, le positivisme revenait d'Angleterre, enrichi, transformé par le pénétrant et subtil esprit de Stuart Mill. Il avait trouvé dans la patrie de Locke ce qui lui manquait, une psychologie, une critique de l'esprit qui justifiât ses théories négatives.

Que fait l'empirisme de la science, par suite, de l'esprit et du monde ? L'origine empirique des notions mathématiques rend toute démonstration impossible et enlève aux vérités fondées sur ces notions leur caractère d'universalité. Voici un triangle : J'en mesure avec des précautions de chimiste les trois angles ; je trouve qu'ils sont égaux à deux droits ; comment démontrer que ce qui est vrai de ce triangle est vrai de tous les triangles ? C'est un fait, ce n'est pas une vérité éternelle, nécessaire.

L'empirisme ne peut manquer du moins d'asseoir sur une base solide les sciences positives. N'est-il pas ces sciences mêmes arrivant à la souveraineté ? Le problème est de faire sortir de l'expérience les principes mêmes de l'expérience. Stuart Mill a tenté de le résoudre. L'homme induit spontanément. Cette induction spontanée n'est pas un jugement porté sur la liaison objective des phénomènes, c'est seulement une disposition subjective de notre imagination à les reproduire dans l'ordre où ils ont frappé nos sens. C'est l'impossibilité de résister à une habitude sans cesse fortifiée, qui fait la certitude du principe de l'induction. Essayez de douter de la loi de causalité (succession constante), vous n'y réussirez pas ; pourquoi ? Parce que de tous vos souvenirs il n'en est pas un qui ne se confonde dans l'immense clameur de toutes vos expériences passées. Les sensations se succèdent dans un ordre invariable, le même antécédent amène toujours à sa suite le même conséquent, c'est un fait ; les sensations associées tendent à s'éveiller l'une l'autre, c'est un fait ; l'habitude peut fortifier indéfiniment ces associations, c'est un fait.

Mais que devient la science ? L'habitude peut se perdre comme elle a été acquise. La répétition des actes la crée ; que ces actes cessent de se produire, peu à peu elle disparaîtra. La science n'est qu'un fait qui peut toujours être remis en question. « De ce que nous avons pris l'habitude d'associer dans un certain ordre les images de nos sensations passées, s'ensuit-il que nos sensations futures doivent se succéder dans le même ordre ?... Et le résultat de cette théorie n'est-il pas le pur scepticisme qui détruit toute prévision raisonnée et ne nous laisse qu'une prudence machinale, semblable à celle des animaux » (1) ? Mon esprit a été fait par le monde, il peut être défait par lui. La nécessité de la science n'est qu'une illusion subjective. Je n'ai pas même le droit de dire qu'il n'y a aucune raison pour que ce qui a été hier ne soit pas demain, car j'élèverais au-dessus des faits et de l'expérience un principe *a priori*. L'homme s'en va dans les ténèbres vers l'avenir mystérieux, à tout instant peut-être près de l'abîme où il doit s'engloutir ; mais comme il marche à reculons, sans pouvoir tourner la tête, il va d'un pas sûr, imaginant la route qui s'étend

_______

(1) *Du Fondement de l'induction* ,6ᵉ édit., pp. 24-25.

derrière lui semblable à celle qu'il vient de parcourir.

II

La logique nous chasse de cette première théorie, qui détruit ce qu'elle prétend expliquer : « le scepticisme est le fruit naturel et toujours renaissant de l'empirisme ». Pour se retrouver elle-même, il semble que la pensée n'ait d'autre ressource que de sortir des phénomènes, de ce qui change, de ce qui passe ; qu'elle ne puisse se donner l'Etre qu'en pensant l'Etre. C'était la thèse de l'éclectisme, doctrine alors régnante, que Lachelier est amené à prendre pour type de toutes les philosophies, qui donnent à la pensée un objet distinct à la fois et des phénomènes et de la pensée elle-même.

Réaction contre le dix-huitième siècle, préoccupée avant tout d'éviter le matérialisme, « doctrine désolante », l'éclectisme d'abord sépare la psychologie de la physiologie, oppose aux faits externes les faits de conscience, affirme l'indépendance et la réalité de la vie spirituelle. Mais, après s'être enfermé dans le moi, comment en sortir ? comment fonder la science qui suppose un rapport du sujet à l'objet ? comment s'élever jusqu'à Dieu ? comment même des phénomènes intérieurs aller jusqu'à l'âme leur principe ? La théorie de la substance résout le problème. Une révélation de la raison, une sorte d'intuition intellectuelle nous fait passer des apparences à la réalité, des sensations à la substance étendue, des faits internes à la substance spirituelle, de l'ensemble des phénomènes à la substance et à la cause infinies. En nous donnant immédiatement l'âme, le monde et Dieu comme trois réalités distinctes, cette précieuse théorie d'un même coup nous délivre du matérialisme, du panthéisme et du scepticisme.

Les conclusions sont claires : l'âme, le monde et Dieu existent ; la science est possible, puisque la raison en nous s'identifie avec la raison absolue qui, présente à la nature, fait tout ce qu'elle a de réel et d'intelligible. Mais les prémisses sont-elles établies et, en admettant qu'elles le soient, ne devraient-elles pas conclure à nous enlever ce qu'on prétend qu'elles nous donnent ? D'abord on cherche vainement la substance ; pas une route n'y conduit. Le sens commun, quoi qu'on dise, l'ignore. Sans doute il croit à l'existence réelle des choses, mais cette existence n'est pas, pour lui, je ne sais quel substrat qui se dérobe sous les qualités, elle n'en est que la permanence. « Si l'on osait faire parler au sens commun la langue de Kant, on pourrait dire qu'il croit fermement aux substances et aux causes *phénomènes*, mais qu'il n'a pas le moindre soupçon des *noumènes* (1). » On fait appel à une intuition immédiate, analogue à celle des sens. Mais cette intuition peut tout au plus nous montrer des choses en soi, elle ne peut à aucun titre nous apprendre que tout phénomène doit avoir une substance et une cause, « L'existence d'une chose en soi au delà d'un phénomène ne serait pour nous, s'il nous était donné de l'apercevoir, qu'un fait particulier et contingent : et, quand toutes ces choses apparaîtraient successivement ou à la fois aux yeux de notre esprit, cette expérience d'un nouveau genre ne

_______

(1) *Du Fondement de l'induction*, p. 29.

nous révélerait qu'un fait universel, et non une vérité nécessaire (1). »

Sous l'influence de Maine de Biran, on en est venu à dire que nous saisissons immédiatement non par la raison, mais par la conscience, une substance et une cause qui est nous-même, et que l'office de la raison se borne à donner à cette connaissance primitive une forme universelle, en nous révélant que les phénomènes qui nous sont étrangers n'ont pas moins besoin d'une substance que ceux dont nous sommes le sujet. Mais en droit rien ne nous autorise à étendre à tous les phénomènes les conditions d'existence de quelques-uns, et en fait la conscience ne nous montre pas dans le moi une substance et une cause, entendue comme une chose en soi, distincte des phénomènes internes.

Si la théorie de la substance ne peut justifier ses principes, il semble qu'elle ait pour elle ses conséquences. Par une singulière ironie, cette théorie, qui voulait tout sauver, ne fait que tout compromettre.

---

(1) *Du Fondement de l'induction*, p. 31. Cf. p. 41. Nous sommes pris dans une contradiction: la chose en soi devrait nous être donnée comme un fait, mais elle ne peut nous être donnée comme tel. « Comment, dans une science qui n'a pour objet que les faits de conscience, peut-il être question de vérités situées hors de notre esprit et d'actes par lesquels nous sortons de nous-mêmes pour les atteindre ? Ou nous avons conscience de ces actes et de ces vérités, et cette conscience les frappe du caractère de subjectivité dont on voulait les affranchir, ou nous n'en n'avons pas conscience, et ils sont alors pour nous comme s'ils n'étaient pas... L'existence d'une chose en soi ne peut pas être pour nous un fait, car, pour constater ce prétendu fait, il nous faudrait être là où, par hypothèse, nous ne sommes pas, et voir ce que, par hypothèse, nous ne voyons pas. » (*Psychologie et Métaphysique*, pp. 112,128.)

L'éclectisme ressemble à ce prophète dont la langue obéissait à une autre pensée qu'à la sienne. Il veut donner du problème philosophique une solution très simple ; en le posant, il le rend insoluble. Il ne doute de rien, ni du monde, ni de l'âme, ni de Dieu ; en formulant ces croyances, il les détruit. Il veut établir la science sur un fondement inébranlable ; par sa théorie des idées innées, il la ruine. Il veut séparer l'âme du corps, il ne laisse rien qui permette de les distinguer. Il veut sortir du monde et de l'esprit pour s'élever jusqu'à Dieu ; il n'arrive qu'à prouver que la pensée ne peut pas sortir d'elle-même.

La science suppose des principes, qui lui permettent d'enchaîner les phénomènes, par là de leur donner une réalité : penser, c'est objectiver les sensations, en établissant entre elles l'ordre intelligible qui vaut pour tous les temps et pour tous les esprits. Au lieu de donner à la science ce dont elle a besoin, des principes, la théorie des idées innées lui donne ce dont elle n'a que faire, un nouvel objet à connaître, un monde d'entités qui existe en dehors et au delà des phénomènes : elle double le problème, elle ne le résout pas. La cause et la substance ne s'entendent que par les faits, dont elles font la liaison ; isolées, réalisées, elles ne sont que des abstractions inintelligibles ; une cause distincte d'un phénomène n'est pas un phénomène cause d'un autre phénomène. (*Psych.* Leçon XII.)

Qu'il s'agisse des sciences positives ou des sciences exactes, l'idée innée, posée comme une chose en soi, arrête l'analyse qui en est la condition. Si l'ordre de la nature est un ordre téléologique, garanti par des entités qui répondent à ces groupes complexes de phénomènes, que nous appelons des êtres, l'objet de la science ne peut être que de constater par une observation superficielle les rapports que soutiennent ces êtres entre eux, et non de les décomposer. Or l'objet propre de la science est au contraire de déter-- miner les conditions élémentaires de ces phénomènes, de trouver la raison du complexe dans les lois du simple, elle a donc besoin d'un principe qui lui garantisse le rapport des causes aux effets (mécanisme) plutôt que celui des moyens aux fins, d'un principe de nécessité plutôt que d'harmonie. Même difficulté dans les sciences exactes : l'unité des notions, dont chacune existe en elle-même et pour elle-même, arrête l'analyse que suppose la démonstration. Sans doute ce qui est vrai d'un cas particulier est vrai de tous les cas semblables, car, l'idée du cercle étant unique de son espèce, il n'y a qu'une idée du cercle, s'il y en a plusieurs images. Mais, si la notion en tant que singulière est universelle, ce caractère de singularité, qui logiquement la fait universelle, l'empêche d'être nécessaire. A l'empirisme vulgaire nous avons substitué un empirisme transcendant ; le fait, au lieu d'être sensible, est mental, mais nous opérons sur l'image intérieure et abstraite comme nous opérions sur l'image extérieure et concrète. Nous trouvons que dans le cercle la distance du centre à la circonférence est constante, pouvons-nous affirmer que c'est là plus qu'un fait, une propriété nécessaire ? De quel droit, puisque, chaque idée subsistant par elle-même, il n'y a aucun lien, aucun ordre de génération dans les idées mathématiques, donc aucun passage de l'une à l'autre. C'est par la résolution des figures complexes dans les figures plus simples que se fait la démonstration géométrique ; la fixité des notions préformées dans l'esprit en arrête la marche. Si la théorie des idées innées ne rend pas compte des caractères de la mathématique pure, elle permet moins encore de comprendre comment ces notions transcendantes peuvent être appliquées à l'ordre phénoménal, se réaliser dans un monde qui leur est totalement étranger. (*Logique*, leçon X.)

Avec la science l'éclectisme laisse échapper le monde, l'âme et Dieu. Il veut assurer l'existence du monde, il en rend la connaissance illusoire. Nous ne pouvons nous faire aucune idée de la substance matérielle, puisque, par hypothèse, c'est ce qui est hors des prises des sens et de la conscience ; dès lors tout ce que nous appréhendons est une vaine apparence, qui nous cache la seule chose que nous aurions intérêt à connaître. Si l'âme est ce qui est au delà de tous les attributs, ce dont nous ne pouvons rien affirmer, qu'est-ce qui nous autorise à la distinguer du corps et à dire qu'elle est spirituelle ? Comment différencier deux choses qui nous sont également inconnues ? Sans doute on se flatte de passer par une légitime inférence des phénomènes à la substance, de conclure de l'unité et de l'identité des phénomènes internes à l'unité et à l'identité de la réalité substantielle, qui les supporte, mais la pensée qui nous est donnée dans l'expérience, est toujours une pensée déterminée, la pensée de quelque chose, d'un objet et d'un objet étendu. L'unité de là pensée se confond dès lors avec l'unité de l'objet qui est une unité de collection. Or le corps par le concours de ses mouvements en une même direction paraît très propre à expliquer l'unité de cette pensée, liée à l'image,

et seul permet d'expliquer avec son unité sa multiplicité. On prouve l'identité du principe des phénomènes spirituels par la permanence des souvenirs,
qu'on oppose au perpétuel renouvellement des éléments organiques. Mais ici encore les états sont
successifs et différents, et le corps, dont les molécules
cérébrales peuvent garder la même forme, les mêmes
dimensions, les mêmes vibrations, a l'avantage d'expliquer aussi bien la diversité des états que leur identité relative. Ces conclusions n'ont rien qui doive
nous surprendre. Dès que par l'âme on entend une
chose en soi, il est contradictoire de vouloir établir
sa spiritualité. Une chose est ce qui peut être connu
du dehors, l'objet d'une intuition externe, donc l'idée
d'une chose implique l'idée d'une situation dans l'espace. (*Psych.*, Leçon XXVIII.) La théorie de la substance ne réussit pas mieux, quand on prétend par
elle sortir du monde et de l'esprit pour s'élever jusqu'à Dieu. La cause est un phénomène qui précède
constamment un autre phénomène et le détermine,
mais le déterminant et le déterminé sont deux phénomènes; la substance est la quantité invariable de
matière qui demeure à travers toutes ses combinaisons, elle n'est pas une réalité qui lui soit transcen-
dante. Les principes de l'entendement n'ont pas pour
objet de nous transporter hors du monde, mais bien
d'en lier les phénomènes et de lui donner l'objectivité;
ils sont la pensée même et ne nous permettent pas
d'en sortir.

C'est pour être trop inquiète d'échapper au scepticisme que la philosophie éclectique y tombe. Par
crainte de compromettre l'existence de l'âme, du
monde et de Dieu, elle les met si bien à l'abri qu'elle

les met hors de portée. Elle sépare radicalement le
sujet et l'objet, le monde et la pensée, ce qui apparaît et ce qui est. « Il est facile de voir que cette façon
d'interpréter les croyances du sens commun donne
gain de cause aux sceptiques. Voici en effet quelles
sont les conséquences de cette supposition. Nous
avons d'une part la pensée avec ses déterminations
propres et internes, qui représente l'objet et qui ne
l'est pas ; d'autre part, l'objet, dont la pensée est
l'image, mais que la conscience n'atteint ni n'enveloppe. Il en résulte ceci : d'abord l'objet, que ce
soit le monde ou mon âme, est extérieur à la pensée ;
ensuite la perception n'est que l'image de cet objet
substantiellement distinct de moi, et l'objet même,
qui est moi, en tant que substance, échappe entièrement à la conscience. Or c'est précisément ce que
demandent les sceptiques. On leur dit ensuite qu'ils
doivent croire à l'existence de cet objet. Mais, ré-
pondent-ils avec raison, de quel droit l'affirmez-
vous ? S'il y a, selon vous, deux termes en présence :
le sujet, l'objet ; le premier est ma pensée, le second
une réalité extérieure à ma pensée. Comment donc
voulez-vous que ma penséé sorte d'elle-même, pour
penser hors d'elle quelque chose qui lui soit étranger ? Cela est absurde et contradictoire. Vous m'al-
léguez des penchants, des inclinations ; prouvez-moi
que ces penchants sont légitimes. Ou plutôt n'essayez
pas de le faire, car, lorsqu'une fois on a lâché l'objet
extérieur, il est impossible de le rattraper. Donc cette
thèse dogmatique est éminemment favorable au
scepticisme, ou plutôt elle est le scepticisme même (1). »

(1) *Cours de logique,* lec. xvii : Du scepticisme.

La philosophie éclectique a eu le tort de ne se soucier que des conséquences. Les conséquences dépendent des principes. C'est une grande faute de faire de la philosophie non plus une libre recherche, mais un art compliqué de satisfaire aux besoins pratiques, aux nécessités sociales ou aux convenances religieuses.

# CHAPITRE II

LA DIALECTIQUE POSITIVE. L'ESPACE ET LE TEMPS.
LEUR DÉDUCTION.

## I

Les deux routes qui s'offraient à nous finissent en impasses. Comment ouvrir ou découvrir une voie nouvelle ? Les phénomènes ne nous suffisent pas, et nous ne pouvons sortir des phénomènes. Que faire ? Nous n'avons pas du moins l'embarras du choix : « en dehors des phénomènes et à défaut d'entités distinctes à la fois des phénomènes et de la pensée, il ne reste que la pensée elle-même (1) ». C'est à cette conclusion qu'aboutit la dialectique négative. Nous cherchions la réalité hors de nous, elle est en nous. L'empirisme passe à côté de la philosophie sans la voir, il n'est que la méthode inductive appliquée aux phénomènes de l'esprit : l'induction suppose des principes, qu'elle ne justifie pas. La philosophie ne consiste pas davantage à chercher dans l'esprit des idées innées, tombées du ciel par miracle : comment

_____

(1) *Du Fondement de l'induction*, p. 37.

prouver que ces idées innées ne sont pas des habitudes
enracinées, des illusions héréditaires ? Chercher non
pas quelles sont les origines historiques d'une idée,
mais quelle est sa valeur, son rôle, son rapport aux
autres idées et à la pensée même ; rendre tout et
réel, et intelligible, en ramenant tout à des déterminations de la pensée ; au terme, né laisser qu'un système, qu'un édifice d'idées logiquement impliquées,
voilà le problème philosophique. La philosophie « ac-
couche » l'esprit ; elle le révèle à lui-même ; elle lui
apprend ce qu'il fait et ce qu'il est ; elle le contraint
à tirer de soi les idées et les principes qui, par leur
combinaison, créent un univers intelligible. Elle
est, en même temps qu'une logique, une psychologie,
qui se confond avec la métaphysique, comme la réalité avec la connaissance.

Le problème, en se posant, impose la méthode. La
dialectique négative ne nous laisse que la pensée.
« La plus élevée de nos connaissances n'est, ni une
sensation, ni une intuition intellectuelle, mais une
réflexion par laquelle la pensée saisit immédiatement
sa nature et le rapport qu'elle soutient avec les phénomènes ; c'est de ce rapport que nous pouvons déduire les lois qu'elle leur impose et qui ne sont autre
chose que les principes (1). » Un disciple de Reid
pourra se sentir repris par les inquiétudes de son
maître : « Qui m'assure que l'univers que je pense
soit l'univers qui existe ? » Un univers dont nous ne
savons rien n'existe pas pour nous. La pensée n'est
pas une faculté vide, un pouvoir qui existerait sans
s'exercer. Rentrant en nous-mêmes, nous ne saisis-

_____

(1) *Du Fondement de l'induction*, p. 38.

sons pas un je ne sais quoi, distinct des phénomènes,
sans rapport avec eux. Nous saisissons la pensée à
l'œuvre, riche d'idées, pleine du monde qu'elle contient. Nous ne sommes pas dans l'abstraction, nous
sommes au cœur de la réalité. Le réel, c'est l'intelligible. « Si les conditions de l'existence des choses
sont les conditions mêmes de la possibilité de la
pensée, nous pouvons déterminer ces conditions absolument *à priori*, puisqu'elles résultent de la nature
même de notre esprit ; et nous ne pouvons pas douter
d'autre part qu'elles s'appliquent aux objets de l'expérience, puisqu'en dehors de ces conditions il n'y
a pour nous ni expérience ni objets (1). »

L'œuvre de la réflexion, c'est de donner l'existence
au monde et au moi : les deux termes sont inséparables. Je suis la pensée du monde ; si le monde est réel,
je suis réel ; s'il n'est qu'une vaine apparence, je
suis quelqu'un qui rêve. « L'incohérence au dehors,
c'est la folie au dedans (2). » La science n'est possible que si tout peut être compris, et l'esprit ne
peut embrasser l'univers, sans sortir de lui-même,
que s'il le crée. Dire que les lois de la pensée sont
les lois de l'être, c'est dire que la pensée est le
principe de tout ce qui est. Ce principe, nous le
saisissons en nous par la réflexion, éternel,
absolu, infini ; il est nous-mêmes ; exister, penser,
donner la réalité au monde, c'est se voir et tout en
Dieu. Le problème grandiose, inévitable, se précise
et, en se posant, laisse entrevoir sa solution. Se
donner l'être et aux choses ; justifier la science ; fon-

_____

(1) *Du Fondement de l'induction*, p. 41.
(2) *Cours de psychologie*, leç. ii : De la pensée.

der la morale en saisissant l'esprit dans son rapport
à tout ce qui apparaît et à l'être même ; du même
coup voir Dieu, le découvrir au fond de soi comme la
réalité éternelle, comme un rayon non détaché des
clartés suprêmes, voilà le problème un et multiple
de la philosophie, qui, par la réflexion, selon les procédés lents et sûrs de la dialectique, doit aller de la
pensée à tout ce qui est, pour être ramenée de tout
ce qui est à la pensée seule et partout présente.

Quelles sont les conditions de la pensée ? tel est
donc le problème à résoudre. La pensée suppose
d'abord un objet, la science, quelque chose à savoir.
On imagine le plus souvent deux termes en présence,
le sujet, l'objet. On oppose à l'esprit inétendu le
monde étendu, et on explique la connaissance par
leur rapport, union mystérieuse des contraires. La
perception externe n'est pas cette reproduction étrange
et servile de choses sans rapport avec la pensée. Percevoir, c'est ajouter aux sensations les idées de succession et d'extériorité, c'est les transformer par les
notions de temps et d'espace. Le monde n'est pas fait,
nous le créons en le percevant.

L'espace et le temps ne sont pas, comme le bleu
ou le rouge, la saveur ou le son, des qualités des choses
senties. La sensation, quelles que soient ses diffé-
rences spécifiques, a une intensité ; elle nous affecte
et, au delà d'un certain degré, se transforme en dou-
leur. L'étendue et la durée ne sont point des affections ; elles n'ont pas d'intensité, mais elles ont quelque chose que n'ont pas les sensations : l'extension.
Par là même elles ne peuvent être données par une
intuition unique et instantanée, elles supposent une
série d'actes et leur synthèse : nous ne percevons

l'étendue que par un mouvement continu de l'œil, dont les divers moments se survivent et sont liés l'un à l'autre. L'espace et le temps, selon la doctrine de Kant, sont les formes mêmes de la sensibilité, les formes que prennent les phénomènes pour être représentés en notre esprit. Ainsi s'explique qu'ils soient mêlés intimement à nos perceptions, sans être cependant des qualités sensibles, que tout à la fois ils se présentent avec un caractère de nécessité qui ne permet pas de les concevoir supprimés, et qu'ils n'aient point une existence distincte des phénomènes.

L'espace n'est ni une donnée sensible, ni une chose en soi, il est notre faculté même de percevoir. Ne laissez que des impressions, odeurs, saveurs, résistances ; il n'y a plus de monde externe, parce qu'il n'y a plus d'étendue. A mesure que de nouvelles sensations se présentent, l'espace se déploie en moi. Comme rien ne l'épuise, comme il est toujours ouvert aux phéno-mènes possibles, il me paraît infini ; comme il n'est perçu qu'avec les phénomènes qui le remplissent, je ne puis imaginer le monde limité dans l'espace.

Ce qui est vrai de l'espace est vrai du temps. La perception externe, c'est l'espace ; la perception interne, c'est le temps. Je n'ai conscience des phéno-mènes qui, en prenant la forme de l'espace, compo-sent le monde, qu'à la condition qu'ils prennent aussi la forme du temps. Le temps, comme l'espace, étant toujours prêt pour de nouveaux phénomènes, semble infini. Comme il ne saurait être imaginé soli-taire, vide de phénomènes, le monde ne peut pas plus être conçu fini dans le temps que dans l'espace. Ainsi l'espace et le temps, c'est nous, c'est notre per-ception même. Mais l'espace et le temps, c'est aussi

le monde sensible : connaître le monde, c'est donc,
à vrai dire, le créer.

L'homme hésite à se reconnaître cette puissance
qui l'effraye; il n'a pas le choix. Toute autre conception de l'espace et du temps aboutit à l'absurde. Nous
ne pouvons donner à l'étendue une existence extérieure à la pensée, sans tomber dans d'insolubles
contradictions. Comment, dira-t-on, mettre en nous
l'étendue, quand, loin de nous sentir en elle, nous la
percevons, au contraire, comme une existence étrangère à la nôtre et qui la limite ? Sans doute, quand
nous réfléchissons l'étendue, elle nous apparaît comme
ce qui nous est extérieur, mais la question est de savoir si elle est réellement hors de nous, ou si ce n'est
pas nous qui l'y mettons en la pensant, si notre perception, en d'autres termes, ne s'oppose pas, quand
elle se réfléchit, ce qu'elle projette par un acte de
spontanéité antérieure à toute réflexion. A cette question l'expérience ne peut répondre, car l'expérience
ici, c'est notre perception même, et donc le problème
à résoudre. Mais, à défaut de l'expérience, le raisonn-
nement permet d'établir que la notion d'étendue est
incompatible avec la notion d'existence. Leibniz a
montré d'une part que l'étendue ne peut se concevoir que comme un aggrégat, d'autre part qu'à cet
aggrégat on ne saurait assigner d'éléments compo-
sants, toute partie, si loin qu'on pousse l'analyse,
restant divisible et ne s'entendant que comme telle.
Il ne servirait à rien de supposer arbitrairement des
unités indivisibles et dernières, qui produiraient en
nous par leur juxtaposition l'illusion de la continuité.
La continuité, c'est l'étendue elle-même, et faire
produire la continuité par la conscience, c'est faire

rentrer en elle l'étendue. « Ce n'est donc pas l'étendue
qui devient en nous la perception ou l'idée d'elle-
même : car il n'y a pas d'autre étendue possible
qu'une étendue idéale ou perçue (1). »

La preuve décisive que l'espace et le temps ne sont
que les formes de la sensibilité, c'est que nous pouvons spéculer sur eux *à priori*. L'existence des mathématiques confirme et suppose la théorie de Kant.
Pour que la démonstration soit possible, il faut que,
sans faire appel à l'expérience, l'esprit construise
toutes les propositions de la science. Tirant tout de
soi, il ne craindra aucune surprise. Sa connaissance
ne sera que l'analyse de son action. Un élément simple, homogène, l'espace ; des figures, des nombres
que nous créons par le mouvement, que nous défi-
nissons en les engendrant ; une marche progressive
du simple au composé, des démonstrations nécessaires, puisque l'expérience ne peut démentir la
pensée qui a fait tout d'elle-même ; universelle, puisque ce qui est vrai d'une figure est vrai de toutes les
autres figures, déterminations identiques d'une seule
et même notion : voilà les mathématiques (2). Ce
qui achève de faire du paradoxe de Kant une vérité
incontestable, c'est que l'expérience vérifie nos cal-
culs ; c'est que le monde, contraint d'exprimer les
vérités mathématiques, s'y enferme comme dans les
limites du possible. S'il y avait deux espaces, l'un
en nous, l'autre hors de nous, comment expliquer
cet accord ? C'est toujours en nous que l'espace se
déploie, s'étend, se détermine par le mouvement.

(1) *Psychologie et Métaphysique*, pp. 128-131.
(2) *Cours de logique*, leç. x et xi.

Tant qu'on est dans l'espace et dans le temps, on est dans l'esprit. L'étendue mathématique ne se distingue pas de l'étendue réelle ; ce qui est vrai du triangle abstrait est vrai du triangle concret. Sans être des sciences de fait, les mathématiques sont des sciences objectives, des sciences de la nature, puisque la nature n'existe pour nous que sous la forme de l'espace et du temps (1).

Telle est la première démarche de la réflexion, le premier effort pour déterminer les conditions de la pensée qui sont les conditions mêmes de l'être. La sensation ne suffit pas à donner l'objet. Il faut que l'esprit intervienne, qu'il fournisse l'espace et le temps. L'espace et le temps, c'est notre faculté de percevoir. Cette découverte est troublante. Le monde n'est plus qu'un jeu d'optique intérieure, dont on subit la perspective, alors même qu'on l'a reconnue comme une illusion nécessaire. Qu'y perd-on ? Le monde reste ce qu'il était. C'est le même spectacle, le même objet. Ce qu'on y gagne, c'est d'être débarrassé de problèmes insolubles, d'antinomies redoutables, de la matière étendue et divisible à l'infini, de l'espace et du temps, choses en soi. La première démarche de la réflexion nous donne un monde et une science : le monde sensible et les mathématiques. Les deux termes sont liés ; pour que les mathématiques soient *à priori* et s'appliquent aux phénomènes il faut que l'espace soit ma faculté et que ma faculté fasse l'existence des phénomènes.

(1) *Cours de psychologie*, leç. xiv.

## II

Lachelier est toujours demeuré fidèle à la doctrine
de Kant, qu'il se bornait à exposer dans ses cours,
en ce sens que toujours, pour lui, l'espace reste, en
dernière analyse, notre faculté de percevoir, subor-
donnée à notre faculté de penser ; mais, substituant
à la chose en soi l'esprit dans sa réalité absolue, il
devait être conduit à dépasser le point de vue de la
critique et à rétablir la continuité entre la pensée et
la sensibilité, qui n'en peut être que l'expression
figurée. Dans *Psychologie et métaphysique*, il ne se -
contente plus de prendre les formes de la sensibilité
comme des données *à priori*, il tente, avec plus ou
moins de bonheur, de les construire, en marquant
les moments de la dialectique vivante, auxquels elles
répondent.

L'idée de l'Etre purement formel, qui « a pour
caractère de se produire logiquement elle-même », a
pour symbole le temps, dans lequel un instant, toujours semblable à lui-même se précède lui-même à
l'infini. « Le temps se réfléchit à son tour dans la
première dimension de l'étendue ou la longueur,
dont chaque partie suppose avant elle à l'infini une
partie semblable (1). » La seconde puissance de l'idée
de l'Etre, l'être concret, qui n'est plus extérieur mais
intérieur à lui-même, qui, sensation et vie, comprend
une simultanéité dans la richesse de ses déterminations, est figurée dans la conscience par l'éten-

(1) *Psychologie et Métaphysique*, p. 160.

due à deux dimensions ou la surface. A la troisième idée de l'Etre, qui achève la vérité et l'existence en les élevant à la conscience d'elles-mêmes, ne répond plus aucune image sensible, car elle est la réflexion et la liberté qui, posant la nature, ne sont plus comprises en elle. Dès lors la troisième dimension de l'espace, qui répond symétriquement à ce terme suprême de la dialectique, n'est plus une expression métaphorique, un symbole directement relié à un ordre de sensations, elle est un acte, une décision, « par laquelle nous transportons hors de nous les objets étendus, en ajoutant aux deux dimensions de l'étendue visible celle qui n'est que l'affirmation figurée de l'existence, la profondeur (1) ». Peut-être pourrait-on remarquer que la distinction est plus apparente que réelle, car le temps, la longueur, le plan répondent à des actes de la pensée, et la profondeur elle-même, si elle est une affirmation figurée, en tant que figurée, doit se transposer en une métaphore, qui suppose une image sensible.

Dans ses cours (*Psych.* Leçon XVII), Lachelier admettait, selon la doctrine de Kant, que l'intuition spatiale *à priori* nous apporte le schème des trois dimensions et qu'elle n'attend de l'expérience que l'occasion d'y enfermer l'intuition sensible. Rien ne s'opposait dès lors à ce qu'il fît du tact actif « le vrai sens de l'espace ». Fixé dans l'orbite, où il ne se meut que de bas en haut, de droite à gauche, l'œil ne trouve rien qui, l'avertissant de la distance qui le sépare du plan, lui permette de définir la profondeur. Le mouvement de la main, qui parcourt l'objet, va dans tous

(1) *Psychologie et Métaphysique,* pp. 164-165.

les sens, d'arrière en avant, comme de haut en bas, de droite à gauche, ouvre la profondeur et donne par là l'occasion attendue de déterminer la troisième dimension. L'œil ensuite s'empare des découvertes du tact actif, les étend, les traduit dans son langage synthétique, en donne de merveilleux raccourcis. Il ne servirait à rien d'objecter que les sensations tactiles et kinesthésiques sont inétendues, se succèdent seulement dans la durée, puisque la sensibilité apporte l'idée de direction, par laquelle elle spatialise les données du tact actif. Cette solution suppose deux choses : la première que nous trouvons dans l'intuition *à priori* le schème des trois dimensions et que nous l'appliquons aux phénomènes, la seconde que, par leur commun rapport à la forme spatiale, les images visuelles et les images tactiles ont une correspondance, qui permet de les coordonner dans l'intuition sensible d'un même objet.

L'article *Psychologie et Métaphysique* rejette ces deux propositions. Si la troisième dimension est « un produit spontané de notre pensée », si elle n'a pas d'image sensible, elle ne saurait plus être dégagée des données du tact actif qui, à les prendre en elles-mêmes, ne les contiennent pas. La perception visuelle est liée à l'étendue, comme la couleur à la surface qu'elle couvre, mais il n'est pas une expérience sensible qui puisse nous révéler la profondeur. Vainement soutient-on qu'il nous suffit de marcher vers les objets pour mesurer la distance qui nous en sépare. Une série de sensations musculaires, si vous la considérez en elle-même, n'est jamais qu'une suite d'états de conscience qui se succèdent dans le temps : « que deux plans forment un angle, qu'un plan soit même différent d'un autre, c'est ce qu'aucune sensation d'effort, de résistance ou de frottement n'est capable de nous apprendre (1) ». La profondeur n'est pas perçue, elle est «l'affirmation figurée» de la réalité indépendante, que nous attribuons au monde. Si la troisième dimension, qui met l'apparence sensible hors de moi, qui lui donne avec la solidité l'existence, est un acte de l'esprit, on voit ce qu'il y a d'absurde à opposer le monde à l'esprit. comme une chose en soi qui lui serait étrangère. « La profondeur est, en définitive, le fantôme de l'existence, l'illusion de nos sens qui croient voir et toucher ce qui est l'objet propre de notre entendement (2) », ce qu'il faut entendre en ce sens que le monde n'a que la réalité, que lui confère la décision de l'esprit de se donner un objet.

Dans l'étude, dont *l'observation de Platner* est l'occasion et le prétexte, Lachelier tout à la fois corrige et confirme les idées qu'il a soutenues dans *Psychologie et Métaphysique* (3). Il reconnaît ce qu'il y a de paradoxal à détacher la profondeur de toute perception, ce qu'il y a de contradictoire peut-être à dire en même temps qu'elle est «l'affirmation figurée» de l'existence sensible et qu'elle ne se représente dans aucune image sensible. « Nous voyons ou croyons voir

(1) *Psychologie et Métaphysique*, p. 153.

(2) *Ibid.*, p. 154.

(3) S'appuyant sur l'observation d'un aveugle-né, faite en 1786 à Leipzig, Ernest Platner, professeur à la Faculté de médecine de cette ville, soutient que l'étendue est un phénomène purement visuel, dont le tact, réduit à lui-même, ne nous donnerait aucune idée. Dans ses *Lectures on Metaphysics*, lec. XXVIII, vol., II, p. 174, W. Hamilton a traduit la note de *Philosophische Aphorismen* (1793), où Platner rendait compte de son observation.

l'espace s'étendre et les objets s'échelonner en avant
de nous, à l'infini : or on peut bien concevoir que
notre imagination agrandisse une profondeur donnée,
ou détermine une profondeur indéterminée en elle-
même : mais il n'est pas concevable qu'elle en crée
une de toutes pièces, là où la vue ne nous en aurait
donné aucune (1). » Cette correction, qui rétablit
l'intuition *a priori* de l'espace, n'est pas inconciliable
avec la thèse exposée dans *Psychologie et Métaphysique*. Si nous considérons la pensée dans son actua-
lité, l'espace est une forme *a priori* de la sensibilité
qui, non plus directement, mais par l'intermédiaire
de la vision, s'applique aux intuitions sensibles ; si
nous considérons les actes par lesquels la pensée se
constitue, rien ne s'oppose à ce que chaque dimension
réponde logiquement à un moment de cette vivante
dialectique, dont tous les termes s'appellent et se
répondent. Fait par la pensée, l'objet est fait pour
la pensée, sa vérité est antérieure à son existence ou
mieux la constitue.

Sans remettre en question ces principes derniers,
Lachelier se propose, dans l'étude sur l'*Observation de
Platner*, de prouver une fois encore la vérité primordiale de l'idéalisme, en établissant que la manière,
dont nous connaissons les corps et dont nous les
situons dans l'espace, nous interdit de leur attribuer
une existence en dehors de la pensée. Des deux éléments qui se combinent dans notre notion du monde
sensible et qu'on cherche en vain à identifier, l'étendue est ce qui nous est extérieur, mais elle n'est qu'ap-

_______________

(1) *Études sur le syllogisme* suivies de *l'observation de Platner*,
Félix Alcan, édit., p. 116.

parence ; la résistance est ce qui s'oppose à nous, mais sans nous sortir de nous-mêmes, comme s'opposent un élément positif et un élément négatif, et si, en s'associant à l'étendue, la résistance se projette hors de nous, c'est par une illusion qui, née de l'apparence, ne la transforme pas en réalité.

Faites abstraction de toutes les données visuelles, les sentiments d'effort qui répondent en nous à la résistance, que nous opposent et nos propres organes et les corps étrangers, diffèrent par leur intensité, ils n'ont par eux-mêmes ni figure ni étendue : « qu'un sentiment de résistance occupe un lieu, qu'il soit à droite ou à gauche, au-dessus ou au-dessous d'un autre, c'est ce qui n'a, pour peu qu'on y réfléchisse, aucune espèce de sens (1) ». Variez les expériences, combinez de toutes les manières possibles les sentiments de résistance et les sensations kinesthésiques, vous n'en changerez pas la nature, vous n'aurez jamais que des états de conscience, dont les nuances qualitatives ne peuvent donner par elles-mêmes l'idée d'une étendue et de sens différents dans cette étendue. Faites·mouvoir votre main sur la surface d'un corps, marchez vers un objet, vous avez une série de contacts et de sentiments d'effort qui se succèdent dans le temps, à aucun moment vous ne sortez du temps pour entrer dans l'espace. La vue seule peut nous apprendre ce que c'est que l'étendue : toute perception de couleur non seulement occupe une surface, mais, contrairement à ce qu'on admet le plus souvent, se situe à quelque distance en avant de nous, nous apparaît avec un certain recul dans

_______________

(1) *Études sur le syllogisme*, p. 109.

l'espace. Seulement, si la vue est le seul sens qui, lié directement à l'étendue, nous révèle ce qu'est longueur, largeur, profondeur, elle laisse ces données premières dans une indétermination, dont elle est impuissante à sortir par elle-même.

Ce sont les données du tact, avant tout les sensations kinesthésiques qui, en s'associant à celles de la vue, constituent proprement le monde sensible. Haut et bas (lutte contre le pesanteur), avant et arrière (sens du désir, sens de la résistance), droite et gauche (exploration de l'obstacle), trois oppositions kinesthésiques, toutes dynamiques, six directions cardinales du mouvement, primitivement indépendantes de toute étendue, « schèmes dans le temps des figures que notre regard va dessiner dans l'espace », destinés à devenir pour nous la forme même de l'étendue dont l'intuition visuelle ne fournit que la matière. La vue nous laisse dans l'apparence : d'un même objet, selon que je m'en éloigne ou que je m'en approche, elle nous donne des images multiples de grandeur variable, toutes aussi vraies, aussi fausses l'une que l'autre, entre les objets elle laisse les distances indéterminées et sans rapport. Associées aux images visuelles les données du tact actif nous permettent de définir la grandeur vraie et de mesurer la distance. « Entre les grandeurs possibles de la même image, il y en a une, à laquelle s'associe en nous une sensation de contact et qui nous permet de distinguer en elle un nombre de détails égal à celui que nous fournit au même moment l'exploration tactile (1) » ; c'est cette grandeur de l'objet à la fois visible et tan-

_______

(1) *Études sur le syllogisme*, p. 127.

gible, grandeur définie, que nous appelons la vraie grandeur. De même nous situons les divers objets à leurs distances respectives, en interprétant les signes visuels, en y associant « l'idée de différentes distances dans le temps, mesurées par des séries plus ou moins longues d'efforts musculaires ». Et dès lors « les prétendues réalités tangibles ne sont pas, quoi qu'on en dise, des données de l'expérience : ce sont des concepts abstraits, dont les éléments sont, il est vrai, empruntés à l'expérience, mais ont été tellement modifiés par le travail de notre esprit, qu'aucune représentation sensible n'y peut plus correspondre (1) ».

Ainsi la vue est le sens de l'étendue, mais les images visuelles sont de pures apparences, de grandeur variable pour un même objet, sans aucun caractère de permanence et de fixité, qui permette de leur conférer l'objectivité. C'est seulement en les associant aux images tactiles et kinesthésiques qui, toutes intérieures, n'ont rien de commun avec l'étendue, que nous parvenons à définir l'image spatiale vraie et à mesurer les distances. Le monde que nous percevons est la combinaison de deux mondes, le monde de la vue, le monde du tact actif, et de ces deux mondes celui qui est proprement étendu, donné comme extérieur, est une pure apparence, que l'esprit solidifie, objective en un premier sens, en l'associant à des données, sentiments de résistance, sensations kinesthésiques, qui ne nous sortent pas de nous-mêmes. Il y a donc quelque chose de contradictoire à tenir pour une chose en soi, existant indépendamment de l'esprit, ce monde que l'esprit ne perçoit

_______________

(1) *Études sur le syllogisme*, p. 132.

pas hors de lui, qu'il projette dans l'espace, en y si-
tuant par un travail complexe ses propres états de
conscience. L'espace n'est pas une qualité sensible,
il n'est pas davantage une chose en soi, il n'y a pas
l'espace que nous concevons et l'espace réel qui existe
en dehors de nous, l'espace est une forme idéale
que l'esprit crée en se donnant un objet, et qu'il
crée pour permettre, par l'intermédiaire des mathématiques, l'application des catégories de l'entendement aux phénomènes sensibles.

# CHAPITRE III



## I

La pensée ne suppose pas seulement un objet; elle suppose « l'existence d'un sujet qui se distingue de cha‑cune de ses sensations (1) ». Ne laissez que des sensa‑tions; elles se confondent entièrement avec les phéno‑mènes, et il ne reste rien que nous puissions appeler nous-mêmes. Il faut de plus que ce sujet soit un dans la diversité des sensations. Si la pensée naît et meurt avec chacune d'elles, il y a autant de sujets que de sensations, l'être de nouveau s'évanouit en une pous‑sière de phénomènes. L'espace et le temps sont in‑définis, et leurs parties sont homogènes. Les phéno‑mènes, comme les atomes d'Epicure dans le vide, y flottent au hasard, sans qu'il soit possible, en leur assignant une place déterminée, d'en former un tout systématique. Les objets et les intuitions s'isolent ; le monde et la pensée se perdent, se disséminent dans ces abîmes sans limites, sans distinction. Après avoir

(1) *Du Fondement de l'induction,* p. 42.

créé l'espace et le temps, il faudrait, pour ainsi dire, les anéantir ; après avoir fait la diversité, il faudrait la ramener à l'unité, qui seule donnerait l'existence à l'univers et à la pensée (1).

Comment se représenter « l'unité du sujet pensant, et le rapport qu'il soutient avec la diversité de ses objets... Chercherons-nous cette unité dans celle d'une pensée repliée sur elle-même, qui se contemple en dehors du temps et de toute modification sensible (2) ». Quelle analogie entre cette pensée, renfermée en elle-même, étrangère à ses propres sensations, et notre pensée vivante, que les sensations pénètrent de toutes parts et dont l'unité se dégage de leur multitude. C'est l'unité et la variété, « ces deux faces de la médaille de Jupiter », qui semblent se cacher l'une l'autre, qu'il faudrait saisir d'un même regard. La pensée n'est pas seulement l'unité, elle est l'unité dans la diversité. « Il ne suffit donc pas d'expliquer d'une manière plus ou moins plausible comment nous pouvons avoir conscience de notre propre unité ; il faut montrer en même temps comment cette unité se déploie sans se diviser dans la diversité de nos sensations, et constitue ainsi une pensée qui n'est pas seulement la pensée d'elle-même, mais encore celle de l'univers... La pensée se trouve donc placée en face de sa propre existence comme d'une énigme insoluble : car elle ne peut exister que si nos sensations s'unissent dans un sujet distinct d'elles-mêmes, et un sujet qui s'en distingue semble par cela même incapable de les unir (3). »

(1) *Logique*, leç. i : De la science.
(2) *Du Fondement de l'induction*, p. 43.
(3) *Ibid.*, p. 44.

Une solution reste possible, et une seule : c'est d'admettre que l'unité de la pensée n'est pas l'unité d'un acte, qui établit entre les sensations un lien extérieur et factice, « mais qu'elle résulte d'une sorte d'affinité et de cohésion naturelle de ces sensations elles-mêmes (1) ». L'esprit ne se met pas à la fenêtre pour regarder passer les phénomènes et saisir au passage leurs ressemblances. Si nous sommes uns, c'est que nos intuitions successives se fondent comme en une intuition unique. L'ordre de nos sensations reproduit l'ordre même des phénomènes : se demander comment elles s'unissent en une même pensée revient donc à se demander comment tous les phénomènes composent un seul univers et pour ainsi dire un seul phénomène.

Mais comment plusieurs choses, dont l'une n'est pas l'autre et dont l'une succède à l'autre, peuvent-elles cependant n'en former qu'une seule ? Il n'y a qu'une solution à ce problème. Admettons l'enchaînement nécessaire des phénomènes. Admettons que l'existence de l'un n'est pas seulement le signe constant, mais la raison déterminante de l'existence de l'autre. Le conséquent est déjà dans l'antécédent, dès lors, s'il n'y a qu'une pensée, c'est qu'il n'y a qu'un phénomène qui se transforme sans cesser d'être lui-même. Quel que soit le fait observé, il est en rapport avec tous les faits simultanés qu'il suppose et qui l'exigent, il sort de tout le passé, il prépare tout l'avenir. Nous pouvons aller en tous sens, développer sans fin la série de nos intuitions; nous restons dans le même monde, dans la même pensée, dans le même

_______

(1) *Du Fondement de l'induction*, p. 45.

phénomène. « Tous les phénomènes sont donc soumis à la loi des causes efficientes, parce que cette loi est le seul fondement que nous puissions assigner à l'unité de l'univers, et que cette unité est à son tour la condition suprême de la possibilité de la pensée (1). »

La loi des causes efficientes résulte *à priori* du rapport de la pensée à son objet ; quelle doit être la nature des phénomènes pour qu'ils n'en soient que l'expression concrète, que la représentation sensible ? Tout est divers, tout doit être un. Comment se représenter le déterminisme qui résout cette antinomie ? Comment fondre en un monde identique ces mondes qui diffèrent à la fois par leur situation dans l'espace et dans le temps ? Il faut d'abord que ces mondes successifs soient le *même monde*, considéré en des instants divers ; qu'ils expriment la *continuité d'un changement, dont chaque phase ne diffère de la précédente que par la place même qu'elle occupe dans le temps*. Mais le monde donné est aussi une diversité dans l'espace. Les états successifs qui diffèrent déjà par la place qu'ils occupent dans le temps doivent différer encore par la place qu'ils occupent dans l'espace. Le changement ne peut donc être qu'un *changement continu et uniforme de positions*. Pour que soient satisfaites les exigences de la pensée, il faut « que tous les phénomènes soient des mouvements ou plutôt un mouvement unique qui se poursuit autant que possible dans la même direction et avec la même vitesse ». Par là, l'un et le divers se concilient : l'antinomie est résolue. La diversité dans l'espace est ramenée à l'unité, il n'y a qu'un *seul mou-*

(1) *Du Fondement de l'induction*, p. 47.

*vement* qui se poursuit sans fin. De même pour la diversité dans le temps : cequi est n'est qu'une forme nouvelle de ce qui a été ; les états successifs expriment l'*identité d'un mouvement* qui varie ses apparences sans changer sa quantité et qui ne se transforme que parce qu'il se continue. Toutes les réalités qui constituent l'univers ne sont que les équivalents momentanés du mouvement primitif. Le progrès du monde est le progrès d'une déduction. Le mécanisme nous donne ce que nous cherchions, un même phénomène identique sous des formes diverses. Tout doit s'expliquer mécaniquement, « le mécanisme étant, dans un monde soumis à la forme de l'espace et du temps, la seule expression possible du déterminisme de la pensée (1) ».

« Il n'y a pas de question quelconque, disait A. Comte, qui ne puisse finalement être conçue comme consistant à déterminer des quantités les unes par les autres d'après certaines relations, et par conséquent comme réductibles en dernière analyse à une simple question de nombre ». Chaque progrès des sciences positives ajoute une preuve à cette affirmation d'Auguste Comte. La physique tend à n'être qu'un chapitre de la mécanique. La physiologie de plus en plus cherche à expliquer la vie par ses conditions physico-chimiques. La psychologie même s'efforce de trouver dans la structure et dans les lois du système nerveux la raison des phénomènes spirituels. Peut-être ne pourra-t-on jamais ramener par l'analyse à leurs éléments mécaniques, et reconstituer par simple addition des réalités aussi complexes que

_______________

(1) *Du Fondement de l'induction*, p. 56.

l'intelligence et la volonté ou leurs manifestations historiques, mais si les forces physico-chimiques se ramènent au mouvement, la vie à ces forces, l'intelligence à la vie, n'est-il pas conforme à l'analogie de considérer l'univers comme un ensemble de mouvements qui croissent en complexité sans cesser d'obéir aux mêmes lois ? Telle est la conclusion que paraît imposer l'étude de la nature.

Lachelier, en établissant *à priori* le mécanisme, n'accorde pas seulement à la science tels ou tels résultats désormais incontestables ; comme Kant, il fait entrer dans son système le principe et la conclusion de toutes ses découvertes.

La méthode dialectique n'est pas inféconde. Sans sortir d'elle-même, la pensée crée un monde, en détermine la nature et les lois. Le monde existe, puisque le déterminisme inflexible, qui est la condition de la pensée, nous montre en nous quelque chose qui ne dépend pas de nous. Est-ce à dire que le monde s'étende et dure en dehors de nous ? que par un miracle du raisonnement nous avons trouvé le moyen de nous échapper de nous-mêmes, d'atteindre une substance étrangère ? Pour comprendre ce qu'est le monde du mécanisme, n'oublions pas de quels éléments et par quel travail nous l'avons créé. C'est d'idées qu'il est fait. Le mouvement suppose l'espace et le temps ; il disparaîtrait avec eux. Étant donné, avec ces formes de la sensibilité, le déterminisme, c'est-à-dire une loi, une exigence de la pensée, le monde du mécanisme se pose nécessairement. « Le mouvement est le seul phénomène véritable, parce qu'il est le seul phénomène intelligible, et Descartes a eu raison de dire que toute idée claire était une idée vraie, puisque

l'intelligibilité des phénomènes est précisément la
même chose que leur existence objective (1). » Nous
avons la réalité et la science : la réalité, parce que le
monde du mécanisme se distingue des sensations
subjectives, s'oppose aux caprices de la fantaisie et
de l'expérience individuelle ; la science, parce que ce
monde n'existe que dans la mesure où il est intelligible, et qu'il ne pourrait se soustraire aux lois uni-
verselles, nécessaires, inéluctables de la pensée, sans
s'anéantir avec l'esprit qui le crée.


## II


« Un ensemble de mouvements, dont aucune cause
extérieure ne vient modifier la direction et la vitesse
soit dans les corps vivants, soit même dans ceux où
l'intelligence est jointe à la vie, telle est donc la
seule conception de la nature, qui résulte de ce que
nous savons jusqu'ici de l'essence de la pensée (2). »
Le mécanisme répond-il à toutes les exigences de la
pensée ? La réflexion, en insistant sur la nature de
l'esprit et sur ses rapports à l'objet qu'il pense, n'est-
elle pas amenée à formuler une loi nouvelle, qui s'impose à la nature « quoique dans un autre sens et à
un autre titre que la loi des causes efficientes ». Le
progrès de la dialectique ne nous élève-t-il pas ainsi
à un monde qui, sans détruire le monde du mécanisme, le complète, l'achève et lui donne un aspect
nouveau ?


(1) *Du Fondement de l'induction*, p. 58.
(2) *Ibid.*, p. 68.

La liaison nécessaire des effets et des causes fait
de l'univers un phénomène ininterrompu, objet d'une
pensée que rien ne brise. Mais qu'est-ce que ce phénomène unique, suite de mouvements qui ne se dis-
tinguent que par les places qu'ils occupent dans l'espace et dans le temps ? C'est l'être sans doute ; mais
l'être en général est le concept le plus vide, le plus
indéterminé : c'est le possible plutôt que le réel. On
peut le définir l'abstrait de ce qu'il y a de commun
dans toutes les réalités particulières. Toutes les formes
ont disparu ; il reste la puissance, ce qui peut être
ceci ou cela, ce qui peut tout devenir. « Une pensée
qui reposerait uniquement sur l'unité mécanique
glisserait donc en quelque sorte à la surface des choses
sans pénétrer dans les choses elles-mêmes ; étrangère
à la réalité, elle manquerait elle-même de réalité et
ne serait que la forme vide et la possibilité abstraite
d'une pensée (1). » Pour sortir de cet état d'évanouissement et de mort, il faut retrouver les déterminations particulières de l'être, les qualités spécifiques, la réalité, objet de la sensation.

Cette unité, que nous avons eu tant de peine à
établir, il faut que nous la brisions et que, sans la
perdre, puisqu'elle est nécessaire, nous retrouvions
la diversité. Comment résoudre ce problème, qui
tenait en échec le génie de Parménide ? « Comment
rendre à la fois la pensée réelle et la réalité intelligible ? » Sans renoncer à faire du monde un phénomène unique et à expliquer l'unité du sujet pensant
par l'unité de l'objet pensé, comment atteindre l'individuel (2) ? Il n'y a qu'une solution possible à ce

(1) *Du Fondement de l'induction*, p. 77.
(2) *Du Fondement de l'induction*, p. 77.

problème : c'est d'admettre une seconde unité, qui
permette à la pensée de saisir par un acte unique le
contenu de plusieurs sensations et d'embrasser au
moins confusément dans chacune de ces perceptions
la réalité tout entière. Il faut qu'une sensation ne
nous isole plus de tout ce qui n'est pas elle. Il faut
que la diversité des sensations ne nous transporte pas
dans des mondes divers et que, passant de l'une à
l'autre, nous ne fassions qu'éclairer les différentes
parties d'un tableau qui était déjà tout entier présent
à la pensée. Il n'est pas une perception, suivant
Leibniz, qui n'enveloppe obscurément l'univers : il
suffirait de la déployer, de déterminer tous ses rapports, pour y retrouver le monde, son histoire et ses
destinées.

« La première unité de la nature était l'unité purement extrinsèque d'une diversité radicale ; la seconde au contraire est l'unité intrinsèque et organique d'une variété dont chaque élément exprime
et contient à sa manière tous les autres (1). » Ce phénomène unique, qui à chaque instant de la durée
constitue l'univers, peut se décomposer en une multitude de phénomènes coexistants qui, unis en harmonies partielles, mais concentriques et de plus en
plus vastes, se concertent en une harmonie totale.
Tout est soumis aux lois de la mécanique, et le
monde est constitué par des mouvements ; mais ces
mouvements ne sont pour ainsi dire que la matière
des choses, et leur direction est telle qu'ils produisent des êtres individuels, éléments à leur tour d'individus plus complexes. L'univers n'est en ce sens

(1) *Du Fondement de l'induction*, p. 79.

qu'un individu, immense organisme, qui concentre la vie de tous les organismes particuliers, qu'il enveloppe. En retrouvant la diversité, qui la rend réelle, la pensée garde l'unité, qui est sa loi constitutive. Mais, pour que tous les systèmes partiels s'accordent en un système total, « il faut l'accord réciproque de toutes les parties de la nature et cet accord ne peut résulter que de leur dépendance respective à l'égard du tout ; il faut donc que dans la nature l'idée du tout ait précédé et déterminé l'existence des parties ; il faut en un mot que le monde soit soumis à la loi des causes finales (1) ».

L'analyse réfléchie de la pensée nous conduit du mécanisme à la finalité ; concilier les deux termes nous est facile. Il suffit d'admettre que la direction du mouvement préexiste au mouvement lui-même. Le boulet qui sort du canon obéit dans sa marche à des lois nécessaires ; mais l'étude de ces lois n'explique qu'en apparence son parcours ; la vraie cause en est dans l'esprit de l'homme et dans le but qu'il veut atteindre.

Mais est-il vrai que nous ayons par ces considérations démontré la loi des causes finales, comme nous avons démontré la loi des causes efficientes ? Si la liaison mécanique des causes et des effets suffit à fonder la possibilité de la pensée et l'existence objective des phénomènes, quel droit avons-nous et quel besoin de surajouter à l'unité de série une seconde unité, l'unité de système, qui d'ailleurs n'existe que par la première et toujours par l'analyse peut se résoudre en elle ? A défaut de l'entendement, que

_______________

(1) *Du Fondement de l'induction*, p. 79.

le mécanisme satisfait, nous pourrions être tentés de
faire appel à la sensibilité qui, ne pouvant se passer
de l'ordre, réclame un monde, où s'exprime un dyna-
misme intentionnel. « Mais dire que notre sensibilité
seule exige des phénomènes la finalité que nous leur
attribuons, serait avouer que cette finalité n'est susceptible d'aucune démonstration et que, si elle est
pour nous l'objet d'un désir légitime, elle ne saurait
être celui d'une connaissance nécessaire (1). » Le
principe des causes finales serait tout au plus une
hypothèse, une méthode, un principe régulateur, qui
facilite l'exercice de nos facultés et leur application
à l'intelligence de la nature. Un désir de l'homme ne
constitue pas une loi des choses ; seules les lois de la
pensée sont les lois de l'objet, parce que l'objet n'existe
pas en dehors d'elle. La finalité est une loi objective,
parce qu'elle est, comme la loi des causes efficientes,
bien qu'à un autre titre, une exigence de la pensée,
qui en se voulant elle-même pose toutes les lois de
son existence.

L'unité mécanique est une unité encore incomplète
et superficielle. Quand tout est réduit au mouvement,
tout est possible, rien, à proprement parler, n'existe.
Il faut s'enfermer dans la formule de Tléates ! « l'Etre
est », ou rendre raison du devenir, du changement et
de la qualité. Or, dans un monde soumis au mécanisme, il n'y a que la finalité qui puisse faire la pensée
réelle et la réalité intelligible, en accordant l'unité
et la diversité dans l'idée d'harmonie, qui les comprend et les concilie. « Sans doute cette preuve n'assure pas et ne pourrait assurer à la loi des causes

_____

(1) *Du Fondement de l'induction*, p. 76.

finales le caractère de nécessité absolue qui n'appartient qu'à celle des causes efficientes : car la pensée peut tout concevoir, excepté son propre anéantissement, et le mécanisme universel , qui fait de chaque phénomène une vérité, suffit par cela même pour assurer son existence. Mais cette existence purement abstraite serait pour elle un état d'évanouissement et de mort, et qu'elle doive, au contraire, puiser dans son commerce avec la réalité la vie et le sentiment d'elle-même, c'est ce qu'elle n'hésite pas à décider *par un acte, non de connaissance, mais de volonté* (1) ». La marche de la dialectique n'est pas linéaire mais ascendante ; la loi des causes finales ne sort pas de la loi des causes efficientes, elle s'y surajoute, en nous élevant à un nouvel ordre d'existence. La nécessité du progrès dialectique n'est pas seulement une nécessité logique, elle est une nécessité morale, s'il est vrai qu'elle repose sur une décision, qui a quelque chose de contingent, et qui trouve son principe dans le bien qu'elle rend possible. Mais cette nécessité morale ne laisse pas que d'être une nécessité intellectuelle : la finalité est appelée par le mécanisme, par cela même qu'elle est la réalité dont il est le possible ; en ce sens la loi des causes finales dérive logiquement de la loi des causes efficientes, et en cette mesure participe de son irrésistible évidence.

Ne pouvons-nous aller plus loin, montrer que le mécanisme, loin d'être antérieur et supérieur à la finalité, lui est subordonné ? Avec le mécanisme il n'y a jamais d'explication définitive : le réel nous fuit,

_____

(1) *Du Fondement de l'induction*, p. 79.

comme l'intelligible. En vertu même de la loi des causes efficientes, le phénomène auquel on arrive n'a pas moins besoin d'être expliqué par un phénomène antécédent que celui dont on part. On peut aller à l'infini ; on change l'inconnu, le problème varie, il n'est jamais résolu, il ne peut pas l'être, il est contradictoire qu'il le soit. Si toute explication doit partir d'un point fixe et d'une donnée qui s'explique elle-même, il est évident que la véritable explication des phénomènes ne peut être trouvée par cette marche sans fin vers un but qui recule sans cesse. Loin d'être l'intelligible, en ce sens, le mécanisme fait du monde un problème insoluble et contradictoire. « L'ordre des causes finales est affranchi de la contradiction qui pèse en quelque sorte sur celui des causes efficientes ; car, bien que les diverses fins de la nature puissent jouer l'une à l'égard de l'autre le rôle de moyens et que la nature tout entière soit peut-être suspendue à une fin qui la surpasse, chacune de ces fins n'a pas moins en elle-même une valeur absolue et pourrait, sans absurdité, servir de terme au progrès de la pensée (1). » Seul le bien est vraiment intelligible, parce que seul le bien se suffit à lui-même et ne tourmente plus l'esprit d'aucun problème. Le réel, c'est l'intelligible. Le bien est donc la seule réalité véritable, et c'est à lui qu'il faut subordonner toutes les apparences, c'est en lui qu'il faut chercher toute explication définitive. « La science proprement dite ne porte que sur les conditions matérielles de l'existence véritable, qui est en elle-même finalité et harmonie ; et puisque toute harmonie est

_______

(1) *Du Fondement de l'induction*, p. 84.

un degré, si faible que ce soit, de beauté, ne craignons
pas de dire qu'une vérité qui ne serait pas belle ne serait qu'un jeu logique de notre esprit, et que la seule
vérité solide et digne de ce nom c'est la beauté (1). »

Ne pouvant nous soustraire à la loi des causes efficientes, nous imaginons que les moyens produisent
la fin, que le principe de l'harmonie est dans les mouvements qui se concertent pour la réaliser. La loi des
causes efficientes n'est en dernière analyse « qu'une
illusion de notre entendement qui renverse l'ordre
de la nature en essayant de le comprendre (2) ». Sou-
venons-nous que le mécanisme n'a de sens que par
l'espace et le temps, que l'espace et le temps sont
une création de l'esprit, nous comprendrons que « la
matière et les causes ne sont qu'une hypothèse nécessaire, ou plutôt un symbole indispensable par
lequel nous projetons dans le temps et dans l'espace
ce qui est en soi supérieur à l'un et à l'autre (3) ».
Un esprit qui pense sous la forme de l'espace et du
temps est contraint de mettre ses idées les unes après
les autres, de représenter symboliquement le rapport de subordination des moyens aux fins par un
rapport de succession dans le temps, de mettre ainsi
la cause après l'effet, renversant l'ordre réel des choses, cherchant l'intelligible dans ce qui ne peut être
compris par soi, la raison du bien dans un hasard
heureux. « L'opposition de l'abstrait et du concret,
du mécanisme et de la finalité ne repose que sur la
distinction de nos facultés : une pensée, qui pourrait
renoncer à elle-même pour se perdre ou plutôt pour

(1) *Du Fondement de l'induction*, p. 83.
(2) *Ibid.*, p. 85.
(3) *Ibid.*, p. 85.

se retrouver tout entière dans les choses, ne connaîtrait plus d'autre loi que l'harmonie ni d'autre lumière que la beauté. Ce n'est donc pas, comme nous l'avions cru, l'universelle nécessité, c'est plutôt la contingence universelle qui est la véritable définition de l'existence, l'âme de la nature et le dernier mot de la pensée. La nécessité réduite à elle-même n'est rien, parce qu'elle n'est pas même nécessaire; et ce que nous appelons contingence, par opposition à un mécanisme brut et aveugle, est, au contraire, une nécessité de convenance et de choix, la seule qui rende raison de tout, parce que le bien seul est à lui-même sa raison. Tout ce qui est doit être et cependant pourrait à la rigueur ne pas être ; d'autres possibles, suivant Leibniz, prétendaient aussi à l'existence et ne l'ont pas obtenue, faute d'un degré suffisant de perfection ; les choses sont à la fois parce qu'elles le veulent et parce qu'elles le méritent (1). »


### III


La philosophie fonde la science et se vérifie par elle. Les mathématiques par leur existence même prouvent que l'espace et le temps sont un premier acte de la pensée; les sciences positives prouvent le mécanisme et la finalité, sur lesquels elles reposent. Comment quelques faits, observés dans un temps et dans un lieu déterminés, permettent-ils d'établir une loi applicable dans tous les temps et dans tous les lieux ? Il faut, dit Claude Bernard, croire à la science

______

(1) *Du Fondement de l'induction*, p. **86**.

avant de faire une science, et croire à la science c'est croire au déterminisme. « Si chaque phénomène se produit dans des conditions absolument invariables, il est clair en effet qu'il suffit de savoir ce que ces conditions sont dans un cas pour savoir par cela même ce qu'elles doivent être dans tous (1). » Mais le mécanisme suffit-il à légitimer l'induction. Les mouvements de l'instant qui commence pourraient continuer les mouvements de l'instant qui finit et former toutefois par leur résultante un monde entièrement nouveau. Il n'y a rien dans les lois mécaniques qui garantisse le retour des mêmes combinaisons, la persistance des genres et des espèces. « Le rôle de ces lois se borne à subordonner chaque mouvement à un précédent ; il ne s'étend pas jusqu'à coordonner entre elles plusieurs séries de mouvements (2). » Si nous savions seulement que les mêmes phénomènes ont lieu dans les mêmes circonstances, nous serions toujours menacés de voir le monde se transformer brusquement (3).

Induire, c'est croire, c'est affirmer qu'un ensemble

(1) *Du Fondement de l'induction*, p. 10.

(2) *Id.*, p. 78.

(3) *Id.*, p. 71 : « La conservation des corps bruts ne nous paraîtrait pas plus certaine que celle des êtres organisés : car on admet généralement que ces corps, sans même en excepter ceux que la chimie regarde provisoirement comme simples, sont composés de corps plus petits... L'existence même de ces petits corps serait à nos yeux aussi précaire que celle des grands : car ils ont sans doute des parties, puisqu'ils sont étendus, et la cohésion de ces parties ne peut s'expliquer que par un concours de mouvements qui les poussent incessamment les unes vers les autres : ils ne sont donc à leur tour que des systèmes de mouvements, que les lois mécaniques sont par elles-mêmes indifférentes à conserver ou à détruire, etc. »

de conditions, dont on ignore le détail infini, se concerte pour maintenir l'ordre du monde. Sans cette
croyance implicite, de quel droit entreprendrions-
nous une science des êtres vivants, quand nous ne
savons rien des mouvements sans nombre que comprennent leur formation et leur développement, quand
nous établissons des rapports constants entre des
termes que nous regardons comme simples, mais
dont chacun en réalité enveloppe des millions de
mouvements moléculaires inconnus ? Et ce que nous
disons des corps vivants, nous pouvons le dire des
corps bruts, car il n'en est pas un qui ne soit composé
qui ne soit déjà « un système de mouvements ». Si
nous devions attendre que nous sachions le tout
d'une chose, nous ne saurions presque rien. Il est
très rare que nous puissions « suivre par le calcul la
marche uniforme de la science, qui travaille au plus
profond des choses ; l'induction proprement dite
consiste plutôt à deviner, par une sorte d'instinct,
les procédés variables de l'art qui se joue à la surface (1) ». Faire une induction, c'est donc « admettre
*à priori* que l'harmonie est en quelque sorte l'intérêt
suprême de la nature, et que les causes, dont elle
semble le résultat, ne sont que des moyens sagement
concertés pour l'établir (2) ».

(1) *Du Fondement de l'induction*, p. 73 « Il est vrai que si
nous connaissions, à un moment donné, la direction et la
vitesse de tous les mouvements qui s'exécutent dans l'univers,
nous pourrions en déduire rigoureusement toutes les combinaisons qui doivent en résulter ; mais l'induction consiste précisément à renverser le problème, en supposant au contraire
que l'ensemble des directions et des vitesses doit être tel qu'il
reproduise à point nommé les mêmes combinaisons. » (P. 70.)

(2) *Ibid.*, p. 72.

La réflexion de la pensée sur sa nature et sur ses rapports avec son objet nous conduit ainsi par une série de déductions, dont tous les termes s'enchaînent, à des conceptions successives et complémentaires du monde. De la combinaison des formes de l'espace et du temps avec la loi constitutive de la pensée résulte d'abord la nécessité subjective de se représenter le monde comme un ensemble de mouvements se poursuivant avec la même vitesse dans la même direction. Cette première apparence se modifie pour exprimer, en même temps que la loi des causes efficientes, la loi des causes finales. Le mouvement n'a plus seulement sa raison dans un mouvement antérieur ; « il est le produit d'une spontanéité qui se dirige vers une fin ; mais une spontanéité qui se dirige vers une fin est une tendance, et une tendance qui produit un mouvement est une force ; tout phénomène est donc non une force, mais le développement et la manifestation d'une force (1). » La loi des causes efficientes implique la loi des causes finales. De même, le mouvement, qui est le symbole de la loi des causes efficientes, ne s'entend que par la force qui est le symbole de la loi des causes finales. Le corps ne se meut ni dans le lieu où il est, ni dans le lieu où il n'est pas ; l'argument des sophistes est irréfutable. L'idée du mouvement ne se suffit pas à elle-même ; elle suppose « la force en vertu de laquelle le mobile sort à chaque instant de la place qu'il occupe pour entrer dans une autre (2) ». Pourquoi le mouvement se continue-t-il, « sinon parce que chaque

(1) *Du Fondement de l'induction*, p. 87.
(2) *Ibid.*, p. 88.

mouvement enveloppe une tendance à un mouvement ultérieur, et pourquoi cette tendance elle-même sinon parce que chaque état de la nature ne s'explique que par celui qui le suit, et son existence tout entière par un progrès continu dans l'harmonie et dans la beauté (1) ».

C'est en approfondissant le mécanisme de Descartes que Leibniz est arrivé à sa philosophie de la force : loin de s'opposer, les deux conceptions s'impliquent. La logique s'est exprimée dans l'histoire. De ce point de vue nouveau, le monde se transforme. A la loi des causes efficientes répondait un mécanisme absolu dans les phénomènes ; à travers l'infini de l'espace et du temps, dans le silence et la nuit, se déroulait une série sans fin d'équations équivalentes, et les théorèmes de la géométrie réelle enfantaient leurs corollaires. Cette inflexible nécessité pouvait bien constituer l'unité du sujet pensant, puisqu'en dernière analyse elle ne laissait subsister qu'un seul phénomène et qu'une seule pensée. Mais ce phénomène, c'était l'être indéterminé, et la pensée semblable à l'objet de sa contemplation était triste, uniforme et morte. Nous avions les effrois de l'homme aveugle et sourd devant cette mathématique incolore et muette. En leur donnant l'harmonie, la loi des causes finales donne à l'esprit et au monde la réalité et la vie. La lumière se rallume, les nuances se varient, nous voyons ; les bruissements des formes qui s'ébauchent traversent l'espace, les vibrations des mouvements en accord retentissent : nous entendons. La nature endormie se réveille, touchée par la

_______

(1) *Du Fondement de l'induction*, p. 88.

baguette magique de la beauté. Tout s'anime et se vivifie. Ce n'est plus l'indifférence du mécanisme inflexible, c'est le grand tressaillement de l'être soulevé par l'amour qui pressent la beauté. La nature est un immense élan vers la perfection, une prière, une adoration. Elle est une activité vivante et laborieuse, dont le désir soutient l'effort et qui, sans se séparer d'avec elle-même, se divise en une multitude d'activités ouvrières de la même œuvre. Pour comprendre ce qui est, ce n'est pas en arrière, c'est en avant qu'il faut regarder ; tout est en soi et pour soi, mais tout est aussi la matière des grandes choses qui se préparent. Le monde est une ascension vers l'idéal ; une pensée invincible et rayonnante le fascine et l'attire : c'est l'amour tout-puissant du Dieu inconnu, du Dieu qui veut être, qui explique et qui justifie les ébauches successives, dont l'être tour à tour se dégoûte et s'enchante.

Nous sommes tentés de nous croire en possession de l'absolu. Nous concevons notre âme comme une force et le monde sur le modèle de notre âme. Il semble que tout nous devienne intelligible en nous devenant semblable. Le secours qui nous vient de l'univers entier nous rassure ; l'espérance invincible n'est que la conscience que la nature prend en nous du désir tout-puissant qui la meut tout entière. Étrange illusion qui pousse toujours l'homme à opposer un objet au sujet ! Le monde n'est pas en dehors de la pensée, il est son œuvre, il est en elle un mirage nécessaire. « Nous ne connaissons d'autre existence absolue que la double loi des causes efficientes et des causes finales ; mais nous ne pouvons comprendre la finalité que si elle se réalise dans la tendance au mouvement, de même que nous ne pouvons nous représenter la nécessité que sous la figure du mouvement lui-même (1). »

La pensée ne peut être une et réelle que par la double loi des causes efficientes et des causes finales ; c'est la combinaison de ces deux lois avec les formes de l'espace et du temps qui crée le monde. Ces deux lois sont donc absolues, en ce sens que sans elles le monde s'anéantit avec la pensée du monde. Mais, comme d'autre part ces deux lois n'ont de sens que par le rapport qui s'établit entre la pensée et les formes illusoires de l'espace et du temps, il est contradictoire que les constructions qui symbolisent ce rapport nous donnent l'absolu.

La force n'est pas une chose en soi(2), un absolu; elle n'est que la tendance du mouvement vers une fin. Il y a autant de forces qu'il y a de mouvements, parce qu'il n'y a pas de mouvement sans direction, et plusieurs mouvements qui ont une même direction sont par là même l'expression d'une seule force. Les forces ne sont donc pas des êtres ; elle sont les mouvements eux-mêmes, mais saisis dans leur direction, dans leur unité, dans leur concours harmonique. Est-ce à dire qu'il n'y ait de réel que le mouvement et ses résultantes ? Ce serait oublier que la nécessité de penser sous la forme de l'espace et du temps nous fait renverser l'ordre des termes ; qu'à vrai dire, le

---

(1) *Du Fondement de l'induction*, p. 90.

(2) « La force n'est pas plus une chose en soi que le mouvement, ou plutôt la force et le mouvement ne sont que les deux faces opposées du même phénomène, saisi par le même sens, d'un côté sous la forme du temps, de l'autre sous celle de l'espace. » P. 90.

bien. étant seul. intelligible, ce n'est pas la fin qui est faite par les moyens, ce sont les moyens qui sont pour la fin et. par elle.. Prémunis contre les illusions de la métaphysique de la force, nous pouvons compléter. notre conception de l'univers, sans nous embarrasser d'un monde d'entités, dont les rapports entre. elles et avec la pensée seraient inintelligibles. Les. qualités secondes, les espèces chimiques, la vie, l'âme même, autant de systèmes de mouvements, systèmes de plus en plus complexes, dont l'harmonie ne suppose pas un être substantiellement distinct des mouvements qu'il organise, mais des idées directrices, des désirs efficaces de la nature, présents aux mouvements mêmes qui se concertent en une même direction.

La dialectique positive crée l'univers en dégageant par une marche progressive le système des idées et des lois de l'esprit. Le phénomène, c'est l'espace et le temps ; la pensée possible, c'est l'unité de l'esprit conciliée avec la diversité de l'espace et du temps, c'est le mécanisme ; la pensée réelle, c'est la diversité se retrouvant au sein même de l'unité, la variant, la multipliant sans la détruire, c'est l'harmonie, c'est la finalité. Notre conception de l'univers se complète en se développant. « L'empire des causes finales, en pénétrant, sans le détruire, dans celui des causes efficientes, substitue partout le force à l'inertie, la vie à la mort et la liberté à la fatalité. L'idéalisme matérialiste ne représente que la moitié ou. plutôt que la surface des choses : la véritable philosophie de la nature est au contraire un réalisme spiritualiste, aux yeux duquel tout être est une force, une pensée qui tend à une conscience de plus en plus complète d'elle-

même (1). » Mais la force n'est pas plus l'absolu que
le mouvement : ce sont deux symboles par lesquels
l'esprit exprime ses lois dans leur rapport aux formes
de l'espace et du temps. Nous ne devons jamais oublier qu'en percevant l'univers nous ne sortons pas
de la pensée, que nous ne pouvons, sans tomber dans
des contradictions insolubles, opposer au sujet l'objet
qui lui doit l'existence. La seule réalité n'est-elle pas
l'esprit qui, en conciliant ses lois avec les formes de
la sensibilité, crée le monde ?


IV


Au terme ces concessions et ces restrictions nous
laissent dans une sorte d'inquiétude. En quel sens la
nature existe-t-elle, et en quel sens est-elle tout entière comme suspendue à l'idée du bien ? Ne nous
retire-t-on pas d'une main ce qu'on nous accorde de
l'autre ? Le monde a, semble-t-il, toute l'existence
que nous pouvons demander, il n'est pas seulement
une chose, il est vie, désir, action. Au delà du mouvement et comme son principe même, on nous découvre
la spontanéité, la tendance et la force. De la quantité
à la qualité, du mouvement à la sensation, il n'y a
point de passage, « il faut donc que les sensations
n'aient aucun fondement hors de nous, ou qu'il y
ait quelque chose d'intensif dans les phénomènes
dont elles procèdent ». Selon la définition même de
Leibniz, la perception est le mouvement concentré

_______________

(1) *Du Fondement de l'induction*, p. 101.

dans la force, c'est-à-dire l'expression de la multitude
dans l'unité. « Le sens commun a donc raison, non
seulement contre l'idéalisme vulgaire, mais contre ce
qu'on pourrait appeler l'idéalisme mathématique de
Descartes : le véritable monde ne se compose ni de
pures sensations ni même d'idées claires, mais d'actions physiques et réelles, dont le mouvement n'est
que la mesure et dont tout le reste n'est que l'apparence (1) ». Mais comment entendre la spontanéité,
la tendance, comment y chercher la nature dans ce
qu'elle a de réel, si « nous ne connaissons d'autre existence absolue que la double loi des causes efficientes
et des causes finales » ? Une loi n'est qu'un rapport,
elle peut bien s'appliquer à des termes réels, elle ne
peut par elle-même en constituer la réalité. En quel
sens parle-t-on « d'actions physiques et réelles », si
la force n'est qu'un mode de représentation de la
finalité, « un moyen terme entre la diversité des apparences sensibles et l'unité intensive de la pensée » ?
Une loi et le symbole d'une loi nous sortent-ils de
l'abstraction ? peuvent-ils nous donner autre chose
ou mieux qu'une projection d'images qui, même bien
liées, ne semblent pas propres à expliquer ce qu'il y
a précisément d'intérieur et d'intensif dans la spontanéité et dans la vie.

De même comment convient-il d'entendre le rapport de l'idée du bien à la nature ? Pour Leibniz, la
perfection est ce qui existe par soi et ce par quoi tout
existe. Le mécanisme définit le possible, qui n'a de
sens que par le bien dont il est la condition abstraite.
Le bien d'abord posé comme cause et comme raison,

(1) *Du Fondement de l'induction*, p. 90.

la finalité de la nature n'est que la perfection manifestée dans le monde, qui émané d'elle ne peut être que le meilleur des mondes possibles. Mais ici, loin de précéder et de fonder la loi des causes finales, l'idée du bien en dérive. La nécessité morale ne se surajoute à la nécessité physique que comme une condition d'intelligibilité des phénomènes. Dès lors, s'il est juste de dire « que la loi des causes finales exige de la part des phénomènes non un degré quelconque, mais le plus haut degré possible d'ordre et d'harmonie », n'est-ce pas en ce sens que, comme la loi des causes efficientes nous contraint de remonter sans arrêt de cause en cause, la loi des causes finales nous contraint d'organiser les mouvements et les forces en systèmes concentriques qui s'enveloppent dans une harmonie de plus en plus complexe ? Au lieu d'être au principe et la réalité même, la perfection n'est-elle pas seulement la limite vers laquelle tend la pensée, quand elle applique aux phénomènes la loi de finalité qui seule a une existence absolue. Comme la réalité du monde, l'idée de bien qui sert à la fonder, ne se réduit-elle point ainsi, en dernière analyse, à une pure forme de la connaissance ? est-elle autre chose, pour emprunter le langage de Kant, qu'un idéal de la raison pure, qui peut bien être conçu qui ne peut sans paralogisme être réalisé ?

Le passage de l'abstrait au concret me paraît bien constituer la difficulté primordiale d'un système qui définit l'être par le connaître. Mais l'objection ici présentée, loin d'arrêter le mouvement dialectique, ne nous montre-t-elle pas la nécessité de le poursuivre ? L'illusion réaliste nous porte à chercher dans l'objet la réalité de la pensée, quand c'est dans la pensée seule que nous pouvons trouver la réalité de son objet. Nous imaginons toujours l'esprit comme un miroir, placé en face d'un monde qu'il n'a qu'à réfléchir, nous oublions que le monde qu'il représente est le monde qu'il crée. L'âme de l'artiste est dans son œuvre ; la nature est une œuvre d'art qui se réalise en se concevant. La loi des causes efficientes et la loi des causes finales ne sont vides que si nous les isolons du contenu qui les remplit, et ce contenu, c'est, sans que nous ayons à sortir de la conscience, avec les mouvements leur direction, les systèmes qu'ils forment, les idées sans nombre qu'ils expriment, c'est-à-dire tous les actes, toutes les déterminations par lesquelles la pensée pose les phénomènes, leur enchaînement et leur concours. Nous ne réduisons pas la réalité aux conditions *à priori* qui la rendraient intelligible, si seulement elle était donnée, ces conditions *à priori* n'étant que les lois de l'activité qui par leur intermédiaire manifeste sa richesse et sa plénitude. Ainsi le progrès dialectique nous porte à dépasser la nature pour la comprendre, il s'achève par l'acte de réflexion qui nous découvre la réalité et le bien dans son principe même, la pensée qui se suffit à elle-même et que tout suppose.

# CHAPITRE IV

## LA MÉTHODE DE RÉFLEXION. PSYCHOLOGIE
## ET MÉTAPHYSIQUE

### I

Si tout est phénomène, l'esprit n'est que l'ensemble
des fantômes qui se jouent en lui ; il peut à tout instant s'évanouir comme eux. Derrière les apparences,
imaginerons-nous pour nous rassurer des substances,
des êtres ? A quoi bon, puisqu'ils nous sont cachés,
puisque nous ne saisissons toujours que des apparences ? « Des choses en soi, on ne sait rien, pas
mêmes qu'elles sont explicables ; au contraire, on
est sûr que tout est intelligible, si les choses sont des
phénomènes, dont l'explication puisse être tirée de
l'existence que nous sommes... Mettre l'existence en
dehors de la pensée, c'est se condamner à ne pouvoir
la ressaisir, c'est ouvrir toutes portes au scepticisme (1). » La dialectique négative, en nous chassant
des faux systèmes, nous enferme dans cette conclusion : l'objet ne peut être produit que par le sujet ; la

_______

(1) *Cours de logique*, leç. xvii: Du scepticisme.

seule réalité, c'est la pensée. Par l'analyse réfléchie
de la pensée dans ses rapports avec l'objet qu'elle se
donne, la dialectique positive confirme cette vérité
féconde, à laquelle tout se ramène, parce que tout
en rayonne.

En se développant elle-même, en déployant toutes
ses richesses intérieures, en tirant de soi la science
et la réalité, la pensée fait la preuve de son existence
absolue. Si tout disparaît avec elle, si elle crée l'être
et la connaissance, n'est-ce pas qu'il n'y a rien en dehors d'elle, qu'elle est tout ce qui est ? « Si le monde
extérieur existe, parce qu'il est pensé, la pensée existe
bien plus elle-même et en quelque sorte fait exister
tout le reste. La pensée n'est pas un être, elle est
l'être même... La substance inconnue, la cause suprême n'est que la pensée, le moi dans sa puissance
absolue de connaître et de vouloir (1). » Tant qu'on
laisse subsister une matière étrangère à la pensée,
toute certitude est provisoire ; il y a toujours des
révoltes, des surprises possibles. Rien ne garantit que
le monde ne se soustraira pas brusquement aux lois
de la conscience. La dialectique ne laisse que l'intelligible en ne laissant que l'intelligence. Tout étant
raison, tout nous devient lumière. Il n'y a plus de
mystère, plus d'inconnu. Le monde n'est plus un
ennemi qui peut toujours nous décevoir par quelque
ruse imprévue. Le monde exprime la pensée, parce
qu'il est son œuvre et sa créature. Sans doute les
formes de la sensibilité imposent à la pensée un point
de vue particulier, la divisent, ne lui permettent de
s'apercevoir que dans des objets qui lui semblent

_______________

(1) *Logique*, leç. xv: De la conscience pure de soi-même.

d'abord étrangers. Mais, comme cette diversité même sort de son unité, en la brisant elle doit l'exprimer encore ; comme les idées sans nombre, qui sont le monde même, ont toutes leur substance en elle, elles ne peuvent l'anéantir par leurs contradictions. L'unité du monde n'est que l'unité de la pensée qui se retrouve dans son œuvre, réunit ses membres épars et se saisit elle-même dans son harmonie réelle, sinon dans son unité absolue.

Ne pouvons-nous aller plus loin, trouver de cette vérité suprême, que tout vérifie, parce que tout la suppose, une démonstration directe ? Ne pouvons-nous montrer qu'elle est la condition de la pensée, telle qu'elle s'exerce ici-bas, au même titre que la loi des causes efficientes et que la loi des causes finales. D'abord, par le fait seul de la réflexion sur soi et sur la nature, la pensée manifeste avec sa liberté son existence absolue. Assister au mécanisme, le regarder en soi et dans les choses, démêler ses lois simples dans les phénomènes complexes, n'est-ce pas s'en détacher, s'en affranchir, prouver qu'on est quelque chose d'autre, quelque chose de plus. La pierre, le végétal, l'animal même agit, ne se regarde pas agir ; l'homme se met en dehors du mécanisme par cela seul qu'il le pense. En second lieu, dans tout jugement, la pensée comme sujet s'oppose à l'objet. « Nous ne pouvons exprimer l'existence que par des mots comme *affirmer, poser*, qui impliquent l'existence indépendante de l'esprit. »

Il n'y a pas une proposition qui ne pose à la fois l'abstrait, le réel et la pensée. Affirmer, c'est d'abord se distinguer de ce qu'on affirme, se mettre à part, en dehors et au-dessus ; puis c'est poser l'être et y mar-

quer une limite, une détermination. En même temps
qu'elle se distingue de ce qu'elle affirme, la pensée
donne au jugement ce qui le caractérise : l'affirmation, l'être, la permanence et la nécessité de la liaison
établie. Le jugement, quoi qu'en disent les empiriques, ne peut se ramener à la perception. Tout jugement est général, renferme quelque chose d'universel, prononce que les phénomènes ne sont pas
liés accidentellement, mais qu'ils s'appartiennent l'un
à l'autre, qu'ils sont liés nécessairement. Prenez le
jugement le plus favorable à la thèse empirique : la
couleur blanche est la couleur blanche. « Je me représente deux fois la couleur blanche dans deux moments
différents par deux actes distincts de l'esprit ; donc
en elles-mêmes ces deux représentations sont étrangères l'une à l'autre. Tout ce qu'on pourrait affirmer,
c'est qu'elles s'accompagnent fortuitement dans la
sensibilité, sans qu'on puisse en rien préjuger l'avenir, ce qui doit être, ce qui nécessairement sera.
Ce qui fait qu'il y a jugement, c'est que la pensée dès
l'origine contient quelque chose d'universel, c'est
qu'elle dépasse l'espace et le temps, pose le rapport
établi indépendamment des cas particuliers où les
phénomènes se présentent. La pensée se mêle à la
perception, mais s'en distingue par la liaison nécessaire qu'elle y ajoute (1). » Et d'où vient cette permanence, cette nécessité de l'existence, que nous affirmons spontanément, « sinon de ce que l'esprit, qui
est l'auteur et le théâtre des phénomènes, est indé-
fectible, conserve et conservera toujours sa réalité (2) ».

(1) *Psychologie*, Du jugement, leç. xviii.
(2) *Ibid.*, leç. iii : De l'idée de faculté.

Ainsi dans tout acte de pensée est impliquée cette affirmation que les phénomènes ne sont pas des fantômes suscités au hasard, qu'ils sont « comme. les points de concentration des lois (1) », qu'ils enveloppent l'intelligible, parce qu'ils manifestent la réalité absolue, qui est l'intelligence.

La dialectique, par son double mouvement, nous conduit de la pensée au monde et du monde à la pensée. C'est dans la pensée que nous trouvons les éléments et les lois de l'univers, c'est d'elle que nous le composons, c'est à elle comme à son principe qu'il nous ramène. Nous ne sortons pas de nous-mêmes ; l'objet créé par nous, c'est encore nous. Penser le monde, c'est s'y recueillir ; l'objet nous ramène au sujet, parce qu'il en sort. Réfléchir, c'est surprendre le secret de la création des choses par la pensée, c'est démêler les idées qui se combinent pour produire cette apparence, c'est aller de la pensée au monde et du monde à la pensée. La dialectique est ainsi le double mouvement par lequel l'esprit se développe et se concentre. « Si mes facultés avant toute déter-mination étaient des cadres vides, des *tables rases*, je m'efforcerais de remplir ces vides, de charger ces cadres ; je cherche au contraire à me concentrer, à ramener la diversité de mes pensées à l'unité de la pensée pure (2). » Le terme de la philosophie, c'est cette réflexion, cette conscience pure de soi-même, où la pensée se voit face à face et se saisit dans sa réalité infinie.

Toutes les vérités établies, en se résumant dans

---

(1) *Psychologie du jugement,* leç. xviii.

(2) *Logique,* leç. xv : De la conscience pure de soi-même.

cette vérité suprême, la confirment. Si tout est pour la pensée, c'est que tout est par elle, c'est qu'elle est tout ce qui est. Malebranche disait : « Nous voyons tout en Dieu ». Parole profonde ! Penser, c'est ramener le particulier à l'universel, le fait à un tissu de lois, les lois mêmes, à leur principe ; c'est rattacher ce qui paraît à ce qui est, la diversité des sensations à l'unité de la pensée absolue. « Sans doute, dans notre état actuel, nous n'avons conscience d'aucune pensée qui ne soit empiriquement déterminée. Mais la pensée serait-elle encore pensée et se distinguerait-elle d'une simple reproduction matérielle des objets, si elle ne se saisissait elle-même, en deçà de ses déterminations, comme l'intelligible primitif, dont le contact peut seul rendre les objets intelligibles. Et, si la liberté d'indifférence conserve toujours des partisans en dépit de toutes les raisons du déterminisme, n'est-ce point parce que la liberté absolue est en effet le fond et la substance de toutes nos volontés, quelque déterminées qu'elles soient par leurs motifs ?... Il y a en nous, en dehors de la conscience empirique des phénomènes, la conscience d'une pensée absolue, qui supporte toutes les pensées déterminées. Il y a au delà de toutes les défaillances de notre volonté la conscience d'une volonté infinie, qui n'est point par les conditions de notre existence en ce monde. Sans doute, cette pensée, cette volonté, nous ne les avons jamais saisies isolément ; la conscience en est nécessairement enveloppée dans toute pensée, dans toute volonté particulière. Mais ces pensées, ces volontés particulières ne méritent pas le nom que nous leur donnons, si elles ne reposent sur aucun fondement infini et absolu. La pensée comprend donc deux choses : des déterminations et le rapport de ces déterminations particulières au fond de l'existence qui n'est autre chose que la pensée absolue. Exister, c'est être rattaché à ce dernier fond des choses, et ce fond suprasensible nous est donné immédiatement, directement, comme le fond même de la connaissance (1). » La dialectique, avec son double mouvement du sujet à l'objet, de l'objet au sujet, est un moment de la réflexion, elle en est comme la méthode ; elle prépare et en un sens elle contient la conscience pure du moi. Quoi qu'il fasse, l'esprit ne peut sortir de lui-même : c'est lui qui est l'espace et le temps, c'est la combinaison de ses lois avec ces formes de la sensibilité qui fait apparaître le monde ; c'est son existence et c'est son unité qui fondent l'existence et l'unité de l'univers.

## II

La critique de la connaissance et de ses lois, en définissant les rapports nécessaires du sujet à l'objet, nous a conduits des formes pures de l'intuition sensible au mécanisme, du mécanisme à la finalité, de ces deux lois *a priori* à la pensée absolue qui tout à la fois les pose et en s'exprimant les remplit de sa réalité. Dans l'article *Psychologie et Métaphysique* 1885 (1),

(1) *Logique*, leç. xv et xvii.

(1) « Psychologie et Métaphysique », *Revue Philosophique*, n° de mai 1885 ; *Du Fondement de l'induction* suivi de *Psychologie et Métaphysique*, *Bibliothèque de Philosophie contemporaine*, pp. 103-173.

Lachelier n'expose point une philosophie nouvelle.
Partant du point où il est parvenu, il cherche à con-
firmer ses démonstrations antérieures, en établissant
qu'il suffit à la pensée de se réfléchir assez profondément elle-même pour retrouver les actes premiers,
par lesquels elle se donne un objet et détermine les
lois de sa connaissance et de l'être. Nous ne supposons
plus l'objet donné et nous ne nous demandons plus
à quelles conditions il peut l'être, nous nous enfer-
mons dans la conscience, et par une méthode directe
nous nous proposons de suivre, en la réfléchissant, la
vivante dialectique, par laquelle le sujet crée l'objet.
Si, comme nous avons cru le prouver, la pensée absolue, dont nous sommes un point de vue, se reconnaît en nous comme la réalité suprême, la tentative,
pour être audacieuse, n'a rien de contradictoire, ni
même de paradoxal. Le monde, qu'une illusion nécessaire projette hors de nous, nous est intérieur ; il est
dans la logique du système d'aller de l'esprit au
monde, car l'esprit ne peut se réfléchir qu'en éclairant
les déterminations successives, par lesquelles il crée
le monde qu'il s'oppose.

En 1885, au moment où parut l'article *Psychologie
et Métaphysique*, la psychologie scientifique paraissait
définitivement l'emporter sur la vieille psychologie
spiritualiste. Lachelier prend l'occasion de ce conflit
pour opposer la méthode intérieure, qui est la sienne,
à la méthode tout extérieure qui, commune aux deux
adversaires, explique le conflit et son issue. Sans
doute, Victor Cousin veut que la psychologie soit
tout à la fois une science distincte et l'introduction
nécessaire à la métaphysique, il admet l'indépendance des fait psychiques et de leurs lois, la raison,

la liberté, l'unité et l'identité du moi spirituel. Mais
il accorde aux philosophes du dix-huitième siècle
que. nous ne pouvons connaître immédiatement que
des faits, et c'est par l'observation et l'analyse des
faits qu'il prétend atteindre des vérités qui les dé-
passent. « La méthode empruntée par Cousin au
dix-huitième siècle devait nous ramener, assez logiquement peut-être, à la philosophie du dix-huitième
siècle (1). » On ne sort pas de l'expérience en s'y
enfermant. Des principes *a priori*, qui non seulement
s'appliquent nécessairement à tous les phénomènes,
mais qui doivent nous transporter dans le monde
des choses en soi, ne peuvent sans une contradiction
flagrante être présentés comme des faits de conscience. Rien ne prouve que ces principes soient autre
chose que des habitudes de l'espèce, auxquelles nous
ne pouvons nous soustraire, des associations inséparables, qui traduisent la constance des consécutions
empiriques. La liberté d'indifférence, qui détache les
actes de l'individu qui les accomplit, est par là même
étrangère à sa conscience, et ne peut être en lui qu'une
apparence née de l'ignorance des motifs qui le déter-
minent. Autant qu'il est un et identique, le moi est
multiple et autre : son unité et son identité ne sont
pas l'unité et l'identité absolues d'une substance, qui
échapperait d'ailleurs à toute conscience, elles sont
l'unité et l'identité relatives d'un groupe de phénomènes différenciés qui se relient et se continuent les
uns dans les autres. Au terme la conscience nous
apparaît comme une illusion, née de la complexité
des phénomènes, illusion que l'analyse dissipe en ra-

(1) *Psychologie et Métaphysique*, p. 107.

menant ces phénomènes à leurs éléments derniers, c'est-à-dire aux états nerveux auxquels ils correspondent et dont ils reproduisent la succession. La sensation n'est rien de plus qu'un mouvement organique, qui va de la périphérie au centre ; la volonté n'est que la continuation de ce mouvement qui retourne du centre à la périphérie ; il n'y a en nous et nous ne sommes nous-mêmes qu'une série de phénomènes semblables à tous les autres, que la conscience, simple *épiphénomène*, redouble, sans en changer ni la nature ni les lois.

Ce retour de la psychologie à la physique n'a rien qui doive nous surprendre. Accorder que la psychologie n'a pas d'autre méthode que la méthode des sciences physiques, c'est admettre, qu'on le sache ou non, que son objet ne diffère pas de celui qu'étudient ces sciences, et par suite que le fait de conscience, si on pousse assez loin l'analy.e, doit se résoudre en mouvement. Pour ne pas nier la psychologie, au moment même où l'on affirme son existence, il convient de se prendre à ce qui la caractérise et la distingue, donc de s'attacher dans le fait de la conscience à ce qu'il a d'original et d'unique, c'est-à-dire à la conscience elle-même. Ne préjugeons pas par notre méthode même que la psychologie est une physique, analysons la conscience pour dégager les lois et les rapports qui lui sont propres.

Et d'abord la conscience n'est pas une illusion, ses phénomènes ne peuvent sans contradiction être réduits au mouvement. On ne fait sortir la conscience de l'étendue que par un cercle vicieux. L'étendue, nous l'avons montré, n'existe pas en elle-même, comme une chose en soi, « elle n'existe que dans la conscience, car ce n'est que dans la conscience qu'elle peut être ce qu'elle est, un tout donné en lui-même avant ses parties, et que ses parties divisent, mais ne constituent pas (1) ». L'étendue nous ramène à la conscience, loin de nous en éloigner, et la réalité de la conscience est hors de doute, puisque ce monde extérieur, dans lequel on voudrait la résoudre, n'existe qu'en elle. Mais si la conscience a sa réalité, si la sensation et la volonté ne sont pas des mouvements, faut-il dire qu'elles ne sont rien de plus que des représentations du mouvement ? L'analyse réflexive ne nous permet pas de nous arrêter à ce matérialisme idéaliste qui, mettant l'étendue dans la conscience, substitue au mouvement sa représentation. La perception même de l'étendue suppose ce qu'elle ne suffit point à expliquer, la sensation. Nous ne percevons pas l'étendue à l'état pur, dans sa totalité ; pour la percevoir, nous avons besoin tout à la fois de trouver en nous quelque chose qui s'en distingue, et de trouver en elle quelque chose qui la détermine : la sensation ou qualité sensible répond à ce double besoin. Elle est un état intérieur, intensif et subjectif, qui se distingue et nous distingue de l'étendue, et d'autre part, liée à l'étendue, où elle se déploie en y traçant des limites, elle nous la révèle. « Ainsi l'étendue n'explique à elle seule ni la sensation, ni la conscience, car elle n'existe pour nous que par la sensation, et n'est, dans ce qu'elle a de réel, que la sensation projetée hors d'elle-même et devenue un objet pour elle-même (2). »

(1) *Psychologie et Métaphysique*, p. 130.
(2) *Ibid.*, p. 134.

Mais comment la sensation peut-elle en même temps
constituer l'objet et nous en distinguer, être le sujet
et l'objet de la conscience ? L'insistance sur le fait
interne suffit à nous l'apprendre. La sensation n'est
pas seulement représentative, elle ne nous donne pas
seulement les qualités sensibles, leurs degrés et leurs
nuances, elle est un changement d'état, une modification interne. Les couleurs, les sons, les contacts,
plus encore les odeurs et les saveurs, en même temps
qu'elles sont perçues, s'accompagnent d'un sentiment de plaisir ou de peine. Les sensations internes,
que nous localisons plus ou moins vaguement dans
notre corps et qui se lient à l'accomplissement des
fonctions viscérales, sont exclusivement affectives.
Or, par ce qu'elles ont d'affectif les sensations externes sont intimement liées aux sensations internes,
qu'elles éveillent, qu'elles exaltent, et par elles aux
fonctions vitales, qui assurent la conservation de
l'individu et la propagation de l'espèce. Le double
rôle de la sensation se découvre ainsi de lui-même :
« par la qualité sensible elle fait la réalité de l'objet,
mais c'est par ce qu'il y a en elle d'affectif qu'elle
appartient au sujet et que le sujet est donné à lui-
même (1) ».

Sommes-nous au terme et devons-nous chercher
le sujet exclusivement dans ses affections ? Mais l'affection ne s'explique point elle-même, elle suppose
un principe actif, dont elle manifeste la réalité profonde. Un être entièrement indifférent, inerte, prêt
à se laisser porter en tous sens, ne saurait être ému
par les états qui se succèdent en lui. Si nous faisons

(1) *Psychologie et Métaphysique*, p. 136.

effort pour nous approcher de ce qui nous plaît et nous éloigner de ce qui nous blesse, si même il y a quelque chose qui nous plaît et quelque chose qui nous blesse, c'est qu'il y a en nous un élan intérieur, une tendance primitive, que l'affection stimule, qu'elle ne crée pas. Nous sommes volonté avant d'être sensation, et nous ne sommes sensation que parce que nous sommes volonté. « Ce n'est pas de la perception à la volonté, c'est, au contraire, de la volonté à la perception que se succèdent, dans leur ordre de dépendance et probablement aussi de développement historique, les éléments de la conscience. La volonté est le principe et le fond caché de tout ce qui existe (1). »

Ce premier degré de la réflexion, qui se borne à l'analyse des faits psychiques, tels qu'ils sont donnés à eux-mêmes, déjà rétablit, avec l'existence originale de la conscience, la légitimité de la psychologie. L'idée de faculté reprend un sens, elle répond aux éléments hétérogènes, irréductibles et permanents, que l'analyse discerne, étendue, sensation, volonté. Comme sa réalité, la conscience a ses lois propres, puisque le cours des phénomènes extérieurs explique bien l'ordre de nos perceptions, non l'influence que ces perceptions exercent sur nos sentiments et, moins encore l'action inverse de notre volonté sur nos sentiments et nos perceptions. Le moi enfin retrouve son principe dans cette volonté radicale de vivre qui, au travers de toutes nos perceptions et de tous nos sentiments, comme leur lien et leur continuité, maintient l'état affectif fondamental, dont la forme propre à chacun

_______________

(1) *Psychologie et Métaphysique*, pp. 139-140.

de nous exprime notre tempérament et constitue notre caractère. Si ce premier point de vue déjà nous élève au-dessus du pur matérialisme, c'est pour nous laisser enfermés dans une sorte de naturalisme. Au centre du monde est la volonté, dont il est la manifestation et comme l'épanouissement. Mais si de cette volonté on peut dire qu'elle est libre, en ce sens « qu'il est de son essence de se vouloir elle-même et d'être cause d'elle-même », elle n'est cependant encore qu'une spontanéité, tout entière perdue dans l'objet, qui par son rapport à ses tendances la détermine. Nous avons la conscience, mais une conscience qui n'est encore qu'une nature, nous n'avons ni la science, ni l'esprit, ni la liberté.

Jusqu'ici nous avons pris la conscience comme *un donné*, nous bornant à analyser son contenu, mais cette analyse déjà prouve que ce contenu ne l'épuise pas, puisqu'elle implique que nous pouvons le connaître. C'est cette connaissance, cette conscience intellectuelle de notre conscience réelle et sensible, qu'une réflexion plus profonde doit soumettre à l'analyse. Des états de conscience, sans autre liaison que la liaison tout individuelle, toute subjective, qui résulte de la volonté radicale de vivre et de l'état affectif fondamental qui l'exprime, nous laisseraient dans une sorte d'état de rêve : « c'est ainsi que les choses se passent, selon toute probabilité, chez l'animal ». Momentanées, successives, vaguement individualisées, les perceptions sont aussi détachées les unes des autres que les besoins et les désirs qui font tout leur rapport. C'est la pensée qui par son action originale, irréductible, fait de ce rêve une réalité, en serrant le tissu de phénomènes par l'ordre néces-

saire qu'elle établit entre eux. « Il y a en nous une
conscience intellectuelle, qui n'ajoute rien au contenu
de la conscience sensible mais qui imprime à ce contenu le sceau de l'objectivité : il faut seulement reconnaître que cette seconde conscience ne s'éveille
qu'à la suite de la perception et que ce n'est que par
la perception qu'elle communique avec la première :
c'est en nous représentant l'étendue que nous sortons de nous-mêmes pour entrer dans l'absolu de la
pensée (1). » Si le monde apparaît à tous les hommes
comme une réalité indépendante de leur perception,
ce n'est pas parce qu'il est une chose en soi, existant
en dehors de toute conscience, « c'est qu'il est l'objet
d'une conscience intellectuelle qui l'affranchit, en le
pensant, de la subjectivité de la conscience sensible ».
Qu'est-ce maintenant que cette pensée qui fait le
monde réel en le faisant intelligible ? Supposerons-
nous un moi transcendant qui le regarde du dehors
et lui impose ses lois ? « La connaissance n'est pas
une action extérieure et mécanique qu'un être puisse
exercer sur un autre : pour connaître une chose, il
faut être, en quelque façon, cette chose même et,
pour cela, il faut d'abord ne pas en être soi-même une
autre. La pensée est donc numériquement identique
à la conscience sensible : elle en diffère, en ce qu'elle
convertit de simples états subjectifs en faits et en
êtres qui existent en eux-mêmes et pour tous les esprits ; elle est la conscience, non des choses, mais de
la vérité ou de l'existence des choses (2). » L'existence
se confond avec la vérité, elle est non ce que nous

(1) *Psychologie et Métaphysique*, p. 150.
(2) *Ibid.*, p. 155.

percevons mais ce qu'en vertu des lois de la conscience et de la nature nous devons percevoir, elle est pour un fait la nécessité d'apparaître en tel point du temps et de l'espace. La pensée confère l'existence au monde en y ajoutant la raison déterminante, qui met entre les phénomènes un ordre, auquel il leur est interdit de se soustraire. La réalité objective s'oppose à la modification individuelle et subjective, comme le nécessaire à l'indéterminé, comme le droit au fait.

La connaissance n'est pas extérieure à l'objet connu, elle est l'ordre intelligible qui, présent à l'objet même, lui confère tout à la fois l'existence et la vérité. L'expérience nous laisse dans le fait, ne peut nous élever du fait au droit : la constance constatée de certaines successions ne peut équivaloir à leur nécessité. Si nous ne pouvons trouver dans l'expérience l'idée de l'ordre nécessaire qui est l'idée même de l'existence, il reste « que la conscience intellectuelle tire d'elle-même la lumière qui ne peut jaillir de la conscience sensible : il faut qu'il y ait en nous, avant toute expérience, une idée de ce qui doit être, un *esse* idéal, comme le voulait Platon, qui soit pour nous le type et la mesure de l'*esse* réel (1) ». La pensée ne sort point de la nature, elle n'est pas un moment de son évolution, elle pose *a priori* les conditions de l'ordre intelligible qui fait d'elle une réalité. Ce qu'il y a de primitif, ce n'est pas la matière phénoménale, c'est l'idée qu'elle doit exprimer, parce qu'elle n'en est que l'expression. Cette idée elle-même ne peut être un fait rationnel, une idée innée ; sous cette forme elle ne serait qu'une chose encore, quelque chose de

_________

(1) *Psychologie et Métaphysique*, p.157.

constaté, qui ayant besoin d'être expliqué ne saurait servir à entendre tout le reste. « L'idée qui doit nous servir à juger de tout ce qui nous est donné ne peut pas nous être elle-même donnée : que reste-t-il sinon qu'elle se produise elle-même en nous, qu'elle soit et que nous soyons nous-mêmes, en tant que sujet intellectuel, une dialectique vivante : ne craignons pas de suspendre en quelque sorte la pensée dans le vide ; car elle ne peut reposer que sur elle-même : le dernier point d'appui de toute vérité et de toute existence, c'est la spontanéité absolue de l'esprit (1). »

### III

Nous avons pu soumettre à l'analyse tour à tour le contenu de la conscience et la pensée en tant qu'elle s'applique à ce contenu, mais la pensée pure n'est plus rien qui soit donné, elle est toute action, « une idée qui se produit elle-même ». La réflexion dès lors ne peut plus être analyse, elle doit être synthèse, construction *a priori*, se confondre avec l'action par laquelle la pensée absolue pose ses propres déterminations. La métaphysique n'est rien moins que l'acte créateur qui se réfléchit dans ses divers moments. Ce serait une prétention vaine que celle de résumer un résumé qui, par sa concision excessive, reste d'une singulière obscurité. Développant les puissances de l'être, s'élevant de l'idée de l'être abstrait à l'idée de l'être concret et de celle-ci à l'idée de l'être proprement spirituel, en une suite de formules, qui posent

(1) *Psychologie et Métaphysique*, p. 158.

les problèmes plutôt qu'elles ne les résolvent, Lachelier « esquisse quelques traits d'une science qui, si
elle parvenait à se constituer, serait à la fois celle de
la pensée, et celle de toutes choses ».

Lachelier ne fait en somme que reconstruire avec
plus ou moins de bonheur le système de vérités complémentaires, auquel l'avait conduit l'analyse critique
des conditions de la connaissance. La première puissance de l'être par un jeu d'abstractions compliqué
de métaphores nous donne le mécanisme. L'idée
de la vérité, sous sa forme abstraite, — *il est vrai* que
telle chose est ou n'est pas, — l'idée de l'être purement formel ne peut être niée, car, indissolublement
liée à la pensée, elle renaît de sa négation même et se
produit ainsi elle-même autant de fois que l'on veut
ou à l'infini. Elle est son propre antécédent logique :
elle a pour symbole, à ce titre, le temps, dans lequel
un instant, toujours semblable à lui-même, se précède
lui-même à l'infini. Le temps se réfléchit à son tour
dans la première dimension de l'étendue ou la longueur, dont chaque partie suppose avant elle à l'infini une partie semblable. « Mais l'idée de l'être se
transforme elle-même au contact de son double symbole, et, tandis qu'elle n'était d'abord que nécessité
logique, détermination du même par le même, elle
devient en s'appliquant à l'étendue et au successif,
détermination de l'homogène par l'homogène, nécessité mécanique, en un mot causalité (1). » Y a-t-il
vraiment synthèse, construction *a priori*, reproduction des démarches par lesquelles la pensée absolue
pose son rapport à la seule idée de la vérité ? Le

____

(1) *Psychologie et Métaphysique*, p. 161.

symbolisme qui, par l'intermédiaire du temps et de
la longueur, de la succession et de l'étendue, trans-
pose la nécessité logique en nécessité mécanique, n'est-
il pas un procédé imaginé après coup pour retrouver
une vérité connue d'avance et d'autre part, le mécanisme comme première forme d'existence ?

De même le second moment de la vivante dialectique nous ramène à la finalité. L'idée de l'être pur,
forme vide d'une existence qui n'est l'existence de
rien, « appelle par cela même, comme son complément
celle d'un contenu distinct de cette forme, d'un être,
en quelque sorte, matériel, qui devienne le sujet de
cette existence et qui soit en lui-même, non le fait
d'être, mais *ce qui* est (1) ». De l'être formel à l'être
concret il n'y a pas continuité logique, il y a synthèse,
progrès, élévation d'une puissance inférieure à une
puissance supérieure de l'être. « Rien n'oblige la
pensée à passer de l'existence abstraite, qui est sa
propre forme, au sujet existant qui donne à cette
forme un contenu distinct d'elle. Mais la pensée tend
par elle-même à dépasser la sphère de l'abstraction
et du vide : elle pose spontanément l'être concret,
afin de devenir elle-même, en le posant, pensée concrète et vivante. La première idée de l'être était à la
fois le produit et l'expression d'une nécessité : la
seconde se produit en se voulant elle-même et n'est
elle-même que volonté (2). » Nous retrouvons ainsi
la conscience réelle et la nature, à son plan, comme
la seconde position de la pensée absolue. Comment
maintenant se réalise cette seconde idée de l'être ?

(1) *Psychologie et Métaphysique*, p. 161.
(2) *Ibid.*, pp. 161-162.

A l'être concret, intérieur à lui-même, doit répondre un mode de conscience, que caractérise par opposition à l'extension l'intensité, c'est-à-dire la sensation. A la fois une et diverse la sensation se figure dans l'étendue à deux dimensions ou la surface. Enfin la volonté d'être devient, en s'appliquant à la succession et à l'étendue visible, volonté de vivre, désir, finalité. Ici encore la méthode par ce qu'elle a de nécessairement arbitraire, ne laisse pas d'éveiller l'inquiétude : le but connu et fixé d'avance détermine les termes successifs qui y acheminent. Pourquoi l'intensité se crée-t-elle un symbole extensif ? pourquoi en s'appliquant à la succession et à l'étendue, la volonté devient-elle finalité ? Peut-être par la nécessité pour l'être concret d'entrer dans la forme abstraite de l'existence et de réaliser selon les lois de la causalité son essence.

La synthèse constructive s'achève par un dernier acte, sans lequel l'idée de l'être resterait incomplète et découronnée. Certes l'être concret est supérieur à l'être formel, « mais ce qui est plus encore, c'est d'être supérieur à toute nature et affranchi de toute essence, de n'être, pour ainsi parler, que *soi*, c'est-à-dire pure conscience et pure affirmation de soi (1) ». L'être ne se réalise pleinement qu'en devenant la conscience de ses déterminations antérieures. On peut dire que cette troisième puissance de l'être est aussi nécessaire à la seconde que celle-ci l'est à la première, car l'existence est vérité, et la vérité ne passe de la puissance à l'acte qu'au moment où elle se connaît elle-même. D'autre part rien ne contraint la pensée à s'élever à ce troisième degré de l'être, ni

_______

(1) *Psychologie et Métaphysique,* p. 163.

la nécessité, qui s'exprime dans la causalité, ni même le désir qui n'a plus rien à chercher au delà de la nature et de la vie. « Mais sa volonté véritable va plus loin que son désir et ne se repose que dans ce qui est supérieur à son être même, dans la pure action intellectuelle par laquelle elle le voit être et le fait être : la plus haute des idées naît d'un libre vouloir et n'est elle-même que liberté ». Si tout se ramène à la pensée, la plus haute forme de l'être, l'être en acte ne peut consister que dans la pensée même, non plus perdue dans son objet, mais conscient tout à la fois de l'appeler à l'existence, de le vouloir et de s'en distinguer. Aussi cette troisième idée dans son application est-elle éminemment retour et réflexion : réflexion individuelle, par laquelle chacun de nous affirme sa propre vie et sa propre durée, et s'en distingue en les affirmant ; perception réfléchie, qui détache les objets étendus de leur rapport à nos besoins sensibles et les transporte hors de nous, en ajoutant aux deux dimensions de l'étendue visible celle qui n'est que l'affirmation figurée de l'existence, la profondeur ; connaissance rationnelle de nous-mêmes et du monde par une réflexion qui s'applique elle-même à la réflexion individuelle et à la perception réfléchie (étendue à trois dimensions). « Cette troisième conscience est aussi la dernière : le progrès de la pensée s'arrête, lorsque, après s'être cherchée dans la nécessité, comme dans son ombre, puis dans la volonté, comme dans son corps, elle s'est enfin trouvée elle-même dans la liberté : il n'y a pas plus de quatrième idée de l'être que de quatrième dimension de l'étendue (1). »

(1) *Psychologie et Métaphysique*, p. 165.

## IV

Je ne prétends pas démêler tous les replis de cette pensée, je voudrais seulement montrer que Lachelier ne donne qu'une exposition nouvelle de son système antérieur, en essayant d'en préciser quelques points. Il semble que sur le rapport des trois puissances de l'être nous rencontrions des affirmations difficiles à concilier. La seconde puissance est donnée comme le complément qu'appelle la première ; la troisième est déclarée « non moins nécessaire à la seconde que celle-ci ne l'est à la première (2) » ; et d'autre part de l'une à l'autre il n'y a point passage logique, il y a progrès, hiatus, position d'une détermination originale. Bien plus il semble que chaque puissance ait sa réalité propre, qu'elle existe avant la puissance supérieure et puisse comme s'en détacher. « Rien n'oblige la pensée à s'élever jusqu'à la troisième idée de l'être : car la vérité des deux premières pourrait rester virtuelle et latente... (p. 164). Une connaissance ne peut porter que sur une vérité : nous sommes donc conduits à affirmer, en même temps que l'existence de l'esprit, celle d'une vérité extérieure à lui et indépendante de lui (p. 166)... C'est bien une seule et même raison qui, d'impersonnelle qu'elle est en elle-même, devient en nous réfléchie et personnelle : et il y a quelque chose de vrai, sinon dans le matérialisme, du moins dans le natu-

---

(1) *Psychologie et Métaphysique*, p. 166 : « La conscience intellectuelle doit exister, parce qu'elle est le développement nécessaire de l'une des puissances de l'idée de l'être. »

ralisme, qui fait naître l'esprit des choses et ne voit dans l'intelligence qu'une forme supérieure de la vie (p. 167). »

D'abord il ne faut pas prendre ces termes dans le sens d'une évolution chronologique ; entre les divers moments de l'être il n'y a qu'une marche dialectique, qui ne permet pas de passer de l'un à l'autre par une déduction nécessaire, mais entre chacun d'eux suppose comme l'intervalle d'un acte contingent, qui a son principe dans une nécessité morale. Ensuite quand nous parlons d'un objet, nous ne devons pas oublier que nous parlons, non d'une chose en soi, mais d'une détermination de la pensée, dont l'esprit est la réflexion. Quand nous parlons d'un objet extérieur à l'esprit, nous ne sortons pas de la pensée, nous affirmons seulement la liberté du mouvement progressif, par lequel elle s'élève à la conscience d'elle-même. Ce mouvement n'en est pas moins une vivante dialectique, dont les termes s'impliquent, puisque nous sommes conduits de l'un à l'autre. Le mécanisme, qui répond à la vérité formelle, n'a de sens que par la finalité, qui ajoute au mouvement la direction, et, si l'esprit, qui est liberté, trouve un objet dans la nature, c'est que celle-ci est déjà la pensée dont il est la pure conscience. Si donc, cessant de diviser ce qui ne se comprend que dans son unité, nous embrassons la pensée absolue dans son intégrité, loin de faire naître la vie de la nécessité, et l'intelligence de la vie, nous retrouvons le véritable principe de l'être dans l'esprit, qui est le terme vers lequel tend la pensée, avec lequel seul elle atteint la vérité et l'existence qu'elle cherche. La nécessité n'est que le premier moment de la pensée et, si c'est par elle que la nature d'abord devient intelligible, on peut dire que la nécessité ne trouve son sens que par la connaissance scientifique, à l'avènement de l'esprit, dont elle est, aussi bien que de la nature, la condition et la possibilité abstraite.

Mais la difficulté, que nous avons rencontrée déjà sur le rapport de la loi de finalité à l'idée du bien ne se présente-t-elle pas ici aggravée et rendue, semble-t-il, insoluble ? La seconde puissance de l'être nous est donnée comme l'être concret et intensif, la loi de finalité comme le procédé par lequel la pensée concilie l'intensité avec l'extension que par là même elle exclut. Cette loi peut bien exiger que, pour exprimer le progrès de l'être intensif, les mouvements s'organisent en systèmes de plus en plus complexes et qui s'enveloppent les uns les autres, mais en quoi cette systématisation peut-elle être tenue pour une manifestation de plus en plus approchée du bien ? Le terme suprême, vers lequel s'élève la pensée et qui à ce titre détermine la synthèse progressive qui la conduit à la possession d'elle-même, n'est pas le bien, la perfection, qui se suffit à elle-même et à tout ; il est ce qui est « affranchi de toute essence », la pure affirmation de soi, la liberté absolue. Le système n'aboutit-il pas ainsi à une sorte d'indifférence morale qui au bien substitue l'être intensif, et au meilleur des mondes possibles une pensée, qui ne s'objective que pour se réfléchir elle-même ! Lachelier répondrait sans doute que rien n'est moins dans ses intentions, et que, s'il a voulu rétablir le spiritualisme dans ses droits, c'est pour fonder la vie morale et religieuse, dont il lui paraît être la base nécessaire. Le bien, auquel on veut suspendre le monde, sous

prétexte de lui conférer une valeur morale, n'est que
le bien sensible, le bien naturel grandi, amplifié,
porté à l'infini, et que l'on suppose digne de devenir
en quelque façon l'objet d'un désir absolu. C'est à
quoi Lachelier ne consent pas : le vrai bien, pour
lui, n'est pas le désir, il est l'affranchissement de tout
désir, l'élévation au-dessus de la nature, la pure liberté de l'esprit. Mais n'est-ce pas là une autre manière de dire que la nature n'a rien de commun avec
le bien, et que la loi de finalité, simple condition
d'intelligibilité, n'établit, entre les phénomènes qu'un
ordre rationnel ? D'abord l'être intensif a pour caractère propre d'être intérieur, de trouver dans l'idée
de lui-même le principe des tendances et des actes,
par lesquels il se maintient, et par cette spontanéité
déjà il est comme l'image et l'annonce de la liberté.
En second lieu la loi des causes finales ramène les
mouvements de l'état de dispersion à l'unité de système, compose les systèmes entre eux, construit le
corps vivant, dans la vie prépare l'intelligence, et
dans la perception, expression de la multitude dans
l'unité, pose la condition qui rend possible la pensée.
Nous sommes donc autorisés à dire que la nature
n'est pas étrangère à l'idée du bien : elle ne donne
pas seulement dans la spontanéité comme une première image de la liberté, elle prépare et elle rend
possible ce qu'elle annonce. Son progrès est un progrès dans l'ordre et dans l'harmonie, qui l'achemine
vers le bien, puisqu'il l'élève à ce degré de l'être
qu'achève la liberté. Ajoutons que les trois puissances
de l'être, si elles ne sont pas entre elles dans un rapport de continuité logique, sont cependant complémentaires, et que chacune trouve dans celle qui la

précède sa matière et sa condition, qu'à ce titre encore le bien absolu, qui marque la fin de cette vivante dialectique, en un sens détermine la nature et ses lois.

Ainsi dans l'article *Psychologie et Métaphysique*, Lachelier n'expose pas une philosophie nouvelle, il confirme ses conclusions antérieures, en partant du point où elles l'ont amené : réalité absolue de la pensée, qui est tout ce qui est ; nécessité et mécanisme, vie et finalité, esprit et liberté, comme les trois moments de cette réalité ; de l'un à l'autre rapport non de continuité logique, mais de convenance, de nécessité morale, la vie s'ajoutant au mécanisme, la pensée réfléchie à la vie par des actes, contingents sans doute, mais dont chacun donne aux déterminations qui le précèdent leur valeur et leur existence véritables. La déduction du temps et des trois dimensions de l'espace, l'essai de rattacher chacune de ces dimensions à un des moments de la dialectique, par lesquels la pensée se constitue, est dans la logique du système, qui substitue au point de vue critique l'idéalisme absolu. Si le moi véritable de l'homme est « la réflexion de la pensée absolue sur elle-même », par cette réflexion, qui est notre être même dans sa réalité profonde, il doit nous être possible de retrouver directement les actes successifs par lesquels la pensée absolue se réalise. Cette synthèse constructive nous permet de marquer avec plus de précision le rapport des lois de l'être et de la connaissance à la pensée absolue qui les pose, en distinguant avec les trois puissances de l'être ce qui les fait à la fois indépendantes et complémentaires, les actes successifs, auxquels elles répondent, et le progrès qui élève de l'un à l'autre.

# CHAPITRE V

PSYCHOLOGIE : LES TROIS VIES : VIE ANIMALE,
VIE HUMAINE, VIE DIVINE.

## I

Les principes établis, il reste d'en développer les
conséquences, en montrant qu'ils permettent de résoudre les contradictions, dont les termes opposés
suscitent et maintiennent les systèmes contraires.
L'empirisme nous donne les faits, mais ne nous donne
pas la raison ; la doctrine de la chose en soi nous
donne les faits et la raison, mais non le rapport nécessaire de l'une aux autres : on ne sort pas de la
pensée, telle est la conclusion de la dialectique négative. Dans la pensée on trouve le monde, parce qu'il
n'est rien qui ne se ramène à une détermination de la
pensée, parce que la pensée est tout ce qui est, telle
est la conclusion de la dialectique positive, que confirme la réflexion. De ce point de vue tout s'éclaire ;
nous sommes à la source de toute lumière, nous sommes
la lumière même. Le monde n'humilie plus la pensée,
il l'exprime par son immensité : c'est en elle que se

déploie l'extension et c'est de son intensité qu'elle la
remplit. Les vertiges devant l'abîme de l'espace et du
temps ne sont que les troubles de l'imagination sensible devant un infini qui échappe à sa mesure, parce
qu'il est d'un autre ordre. La métaphysique, la
science des causes est possible. Le problème philosophique n'est plus un problème chimérique : nous en
trouvons en nous toutes les données. Il se ramène à
ces termes : comprendre le monde, l'homme et Dieu ;
les saisir dans leurs mutuels rapports en se plaçant
comme au cœur des choses, au centre d'où tout rayonne,
c'est-à-dire en rattachant à la pensée ses déterminations et en pénétrant de plus en plus par la réflexion
la nature de ce principe suprême de toute existence.

Le monde ne s'oppose plus à nous comme une réalité étrangère, irréductible. Le problème de son existence et de sa nature est résolu. S'il est réel, s'il peut
devenir l'objet d'une science et d'une conscience,
c'est qu'il est une manifestation de la pensée. Les
sensations ne nous font pas sortir de nous-mêmes. Le
froid n'a d'autre réalité que celle que lui donne notre
perception. Les prétendues qualités premières ne
nous révèlent pas davantage une réalité distincte de
l'esprit. « L'étendue n'est pas autre chose que le rapport des phénomènes sensibles avec la forme de l'espace. La résistance, c'est la sensation de quelque
chose qui est en dehors de notre corps, d'une tendance au mouvement opposée à la nôtre. Mais ce
corps et le nôtre ne sont que des perceptions de notre
esprit. Dire que notre corps est distinct des autres
corps matériels, c'est dire que nous représentons nécessairement les corps dans l'espace, les uns en de-

hors des autres ; mais tous ces corps ensemble résident dans notre pensée (1). »

Est-ce à dire que l'existence du monde repose sur mon existence individuelle ? Nullement. Il faut distinguer la connaissance scientifique et la connaissance sensible. La connaissance que nous donnent nos yeux est toute relative à nous et à notre point de vue. A cause de sa proximité de la terre, la lune nous apparaît comme un des plus grands corps célestes, tandis que des astres énormes se réduisent à des points lumineux et tremblants. L'astronomie, c'est la connaissance du système céleste telle que pourrait l'obtenir un esprit quelconque, abstraction faite de toute situation dans l'espace. La connaissance sensible a un point de vue particulier ; elle dépend de l'espace et du temps ; elle répond à mon existence individuelle. « La connaissance scientifique, à laquelle est identique l'existence du monde, c'est la connaissance que pourrait acquérir un esprit dégagé des sens et qui par conséquent n'aurait pas de point de vue particulier sur l'univers. Il n'y a rien d'absurde à dire que l'existence du monde repose sur notre connaissance, c'est-à-dire sur l'existence de *l'esprit* et non sur celle de *notre esprit*. Le point de vue particulier sous lequel nous connaissons le monde, peut cesser d'exister, sans que le monde disparaisse, puisqu'il reste conçu par l'esprit (2). » Le monde n'est pas une

(1) *Logique*, leç. xvii. « Dans la connaissance, le sujet et l'objet existent au même titre comme les deux termes d'un même rapport: ils sont distincts non pas comme deux existences séparées, mais comme les deux pièces d'un seul et même tout spirituel. »

(2) *Logique*, leç. xviii : De l'idéalisme. « Nous ne sommes, en

illusion subjective ; le monde c'est la pensée, traversant le prisme des formes de la sensibilité, se brisant en une infinité de rayons, mais les recueillant
par les catégories de l'entendement, les ramenant
à une unité relative, image de l'unité primitive et
absolue du foyer dont ils émanent.

Mais, si le monde n'est qu'un ensemble de phénomènes bien liés, que sont les autres hommes, sinon
des phénomènes ? Et quoi de plus choquant que de
voir l'âme s'attribuer à elle seule toute réalité ? Il
faut distinguer pour chaque esprit deux modes d'existences : « une existence intellectuelle, car nous avons
conscience de nous-mêmes comme d'une intelligence
absolue ; une existence sensible, qui consiste dans
la connaissance sensible des choses, relative à notre
point de vue particulier de l'univers (1), » L'existence intellectuelle est impersonnelle : une addition
bien faite est une vérité absolue qui confond tous les
esprits dans l'unité d'une seule et même existence.
Dans cet ordre d'existence il n'y a ni moi ni autrui.
Demander si les autres hommes existent, c'est donc
demander s'il y a des sensibilités analogues à la
nôtre. « Il doit y en avoir. En moi, la pensée s'est
faite sensibilité ; comment ? Je l'ignore ; mais il faut
que la même chose se soit faite partout. D'abord, en
effet, l'analogie demande qu'à tous les phénomènes
semblables à ceux de mon corps corresponde un

tant qu'individus, que l'ensemble de nos sensations, et une
nécessité, dont nos sensations, en tant que telles, ne saurait
rendre compte, constitue par cela même une existence aussi
distincte de la nôtre que l'on peut raisonnablement le demander. » (*Du Fondement de l'induction.*)

(1) *Logique,* leç. xviii: De l'idéalisme.

point de vue particulier, analogue à celui qui constitue mon individualité. De plus, la pensée embrasse
tout : pour que la sensibilité ait sa raison d'être et
mérite d'exister, il faut qu'elle soit en quelque façon
un redoublement de l'intelligence et qu'elle embrasse tout. Or la sensibilité ne peut embrasser tout
distinctement qu'à la condition de se décomposer en
une infinité de points de vue. Il y a donc une infinité
de points de vue sensibles, de sujets sentants dans
l'univers (1). »

## II

L'homme est au centre de tout. Il comprend le
monde, qui se définit par sa sensibilité. Il peut se
comprendre lui-même en se saisissant tour à tour
comme objet dans le monde, comme sujet dans la
pensée. En établissant que le monde est encore la
pensée, mais comme aliénée d'elle-même, nous nous
sommes délivrés de la distinction radicale de l'esprit
et du corps, qui fait de l'homme la combinaison inintelligible et monstrueuse de deux natures sans rapport. « La distinction de deux substances dans l'homme
est absurde ; le corps et l'âme ne font qu'un et sont
seulement deux points de vue d'une seule et même
substance (2). » Par cela seul que la pensée devient
le monde et que l'homme, en tant qu'individu, n'est
qu'un point de vue particulier de ce monde, il se
saisit en rapport intime avec lui, il s'apparaît comme
un phénomène, parmi les phénomènes. L'homme

(1) *Logique*, leç. xviii : De l'idéalisme.
(2) *Psychologie*, leç. xxix.

dans l'espace et dans le temps, ensemble de faits successifs soumis au déterminisme, c'est le corps ; la conscience du moi, en tant que distinct de toutes ses déterminations, c'est l'âme (1). Ainsi entendue, la distinction de l'âme et du corps nous permet de poser le problème psychologique et de le résoudre, en évitant les sophismes et les contradictions.

Le problème psychologique est double, il comprend deux questions différentes qui ne peuvent être résolues que par des méthodes distinctes. On peut se demander d'abord à quelle loi est soumise la succession des états de conscience dans un même homme. L'homme est considéré alors comme un phénomène, comme un objet de pensée. Dès qu'on parle d'un objet de pensée, on parle de ce qui est étendu, soumis aux formes de la sensibilité (2). « Il n'y a qu'un ordre de phénomènes, les phénomènes externes, attendu qu'il ne peut y avoir de changement que dans l'espace (3). » Étudier la succession des états de conscience, c'est donc étudier le corps. Est-ce à dire qu'on ne puisse maintenir la distinction des faits internes et des faits externes ? « Nous pouvons donner aux faits qui s'accomplissent dans notre organisme le nom d'internes, en ce sens qu'ils tombent immédiatement sous la conscience, tandis que nous appelons externes les faits du monde extérieur proprement dit, c'est-à-dire ceux qui ne tombent sous la conscience que par l'intermédiaire des modifications de notre corps. Les faits qui nous sont propres (c'est-à-

_______

(1) *Morale*, leç. vii.

(2) *Psychologie*, leç. xxviii : De la spiritualité de l'âme. — *Logique*, leç. xii : De l'observation intérieure.

(3) *Logique.* leç. xiii : Des inductions psychologiques.

dire qui tombent immédiatement sous la conscience)
ont deux faces, l'une tournée vers le dehors et soumise à l'observation physiologique. Il n'y a pas inter-
ruption brusque quand on passe du désir de rémuer
la main au mouvement de la main. La psychologie
en ce sens n'est pas la science d'une espèce particulière de faits ; son domaine est le même que celui
de la physiologie : seulement elle étudie les faits par
celle de leur face qui tombe sous la conscience, c'est-
à-dire qu'elle les étudie du dedans, tandis que la physiologie les étudie du dehors (1). »

Toute succession de phénomènes est soumise à
des lois, la méthode inductive s'applique en psychologie comme en physique ; mais, si les procédés sont
analogues, les résultats ne peuvent être aussi rigou-
reux. La succession des états internes n'est que la
succession des états externes vus du dedans ; comme
nous n'avons par la conscience qu'une connaissance
confuse de l'organisme, la liaison des états de conscience qui correspond aux modifications de l'organisme ne peut être rigoureusement déterminée. Ce
qui fait l'infériorité de la psychologie, « c'est qu'elle
est, comme la physique, une science de phénomènes
extérieurs, sans pouvoir, comme elle, les saisir sous
la forme qui les rend intelligibles, celle du mouvement dans l'espace (2) ». On saisit vaguement par
la conscience le résultat des modifications que subit
l'organisme, sans arriver à une connaissance objective et précise de ces modifications elles-mêmes. « Si
l'on parvenait à saisir les mouvements de toutes les

<hr>

(1) *Logique*, leç. xiii : **Des inductions psychologiques.**
(2) *Ibid.*, leç. xiii : **Des inductions psychologiques.**

fibres nerveuses dans le corps d'un homme, rien
n'empêcherait de prédire avec certitude la succession
de ses états de conscience. Cabanis a dit : Le moral
est le physique retourné ; cela est vrai, pourvu qu'on
ne prétende pas retrouver dans le physique ce qui
ne fait partie que du point de vue interne (1). » Ce
n'est donc pas à tort que les psychologues s'efforcent
aujourd'hui de ramener la psychologie à la physiologie. Quels qu'aient été jusqu'ici les résultats de leurs
efforts, ils comprennent du moins que les faits internes,
considérés dans leur succession, ne pourraient devenir l'objet d'une science véritable qu'en étant rame-
nés aux faits externes, qu'ils expriment obscurément.

La psychologie, comme étude des faits internes,
qui se succèdent en nous, n'est pas une science indépendante, elle n'est qu'une physiologie imparfaite,
un moyen de suppléer aux lacunes des sciences na-
turelles. N'y a-t-il pas un problème vraiment psychologique, une science de l'esprit qui soit autre chose
que la connaissance confuse des phénomènes organiques ? Après s'être étudié comme objet, dans sa
dépendance du monde, il faut s'étudier comme
sujet, dans sa réalité spirituelle. Il ne s'agit plus d'ob-
server un enchaînement de phénomènes qui a sa
raison dans un mécanisme corporel extérieur au moi ;
il s'agit de dégager des actes particuliers ce qui exprime la nature même de l'esprit. C'est un problème
nouveau, qui exige une méthode nouvelle. Vainement
on multiplierait les observations et les expériences,
on resterait dans le monde, on étudierait toujours
ce qui est connu, non ce qui connaît ; il n'y a qu'une

(1) *Logique*, leç. XIII.

méthode subjective qui permette d'atteindre le sujet.
Cette méthode subjective, c'est la réflexion ; « il faut
s'opposer soi sujet pensant et voulant à tout ce qui
passe, soi être à tout ce qui paraît; il faut se détacher en un mot de tout ce qui est particulier, successif, comme étant la part du monde externe (1) ».
La dialectique étudie la pensée dans ses rapports
avec son objet. En nous ramenant des lois du monde
à l'unité de la pensée, dont elles sont l'expression,
elle nous conduit au principe des choses par une
voie indirecte, elle nous le montre dans ses effets,
hors de lui-même, se ressaisissant dans la diversité des
phénomènes. La psychologie continue, achève la
dialectique : elle ne va plus par un double mouvement du sujet à l'objet, de l'objet au sujet ; par la
réflexion, elle atteint directement la cause, elle est
la cause se saisissant elle-même, s'apercevant avec
une clarté croissante. La psychologie empirique est
une science naturelle ; la psychologie proprement
dite, c'est la métaphysique même : elle ne s'attache pas à ce qui est successif, mais à ce qui est
éternel ; elle n'est pas une science historique, une
science d'observation, elle s'efforce de faire tomber
les voiles de l'espace et du temps, d'atteindre non
ce qui passe, ce qui change, mais ce qui est, ce qui
demeure partout et toujours, quel que puisse être
le jeu des apparences sensibles. Sa méthode est la
réflexion, le mouvement de la pensée qui se replie
sur elle-même, en faisant abstraction de tout objet
et de toute détermination sensible. Elle est la science
du sujet, de ce qui connaît, de ce qui pense ; elle

(1) *Psychologie*, leç. II : Méthode psychologique.

saisit par une intuition directe avec la pensée ses opérations primitives, ses facultés ; elle suit l'esprit dans toutes ses métamorphoses, elle l'étudie à tous ses degrés, et, en s'élevant de plus en plus de la pensée vague, confuse, embarrassée dans l'objet qu'elle se donne, à la pensée dégagée de toute ombre matérielle, lumineuse, consciente et maîtresse d'elle-même, elle fait évanouir les illusions de la sensibilité et nous livre le sens des choses.

La réflexion nous donne d'abord les diverses facultés dans leur distinction et dans leur unité. « Le procédé qui nous met en possession de la vérité psychologique sur ce point est infiniment plus simple et plus direct que celui des sciences expérimentales et la certitude à laquelle il conduit est de beaucoup supérieure à celle de ces mêmes sciences. Nous n'avons pas à expérimenter, nous n'avons qu'à regarder et à voir (1). » L'âme, c'est la pensée ; mais cette opération unique qui consiste pour l'âme à se donner un objet, à créer la nature, présente plusieurs faces qui ne détruisent pas son unité (2). Pour penser, il faut s'opposer un objet, quelque chose de déterminé, c'est-à-dire de—matériel, d'étendu ; la vie intellectuelle suppose donc, outre la fécondité de l'esprit, un objet déterminé, à l'aide duquel il prend conscience de lui-même. L'esprit ne reste pas indifférent à son œuvre : il éprouve un sentiment de joie en prenant conscience de sa réalité par cette création. Produire l'objet, le connaître, en jouir, activité, intelligence, sensibilité, telles sont les trois facultés que

____

(1) *Logique*, leç. xiii : Des inductions psychologiques.
(2) *Psychologie*, leç. ii : Méthode psychologique.

nous révèle immédiatement la réflexion du moi sur
lui-même. Partout où elle est présente, sous toutes
ses formes, dans toutes ses métamorphoses, la pensée
comprend dans son unité ces trois opérations primitives. La psychologie, c'est l'étude de ces facultés,
c'est la pensée se saisissant par la réflexion à tous
ses degrés, se poursuivant à travers toutes ses dé-
gradations, s'élevant de l'ombre, où elle semble se
perdre dans une sorte de fatalité matérielle, à la
pleine lumière, où elle s'apparaît dans sa vraie nature et dans sa réalité suprême.

Si la pensée a ses degrés, si tour à tour elle descend dans la nature, s'y oppose et s'en dégage, il
ne suffit pas de distinguer les facultés, qui sont
comme les formes nécessaires de son activité, il faut
distinguer les modes, selon lesquels ces facultés s'exercent. Comme l'a montré Maine de Biran, la vie de
l'âme a plusieurs plans, plusieurs régions ; elle comprend plusieurs vies, dont chacune a ses caractères
propres et se différencie par le rôle qu'y joue la
conscience. Dans l'habitude, nous voyons la pensée
peu à peu s'abaisser, descendre dans les organes, s'y
réaliser, se changer en une spontanéité immanente
au mécanisme qu'elle met en jeu. Il y a ainsi un
premier état, où la pensée, comme aliénée d'elle-
même, se fait nature, où le sujet et l'objet se pénètrent si profondément que leur distinction n'est
plus qu'implicite et virtuelle (1). Dans la vie sensitive, l'être veut et imagine, sans savoir qu'il veut
et qu'il imagine ; il ne connaît pas l'état qu'il subit,
il ne le rapporte ni à une cause extérieure, dont il

(1) *Leçons de psychologie*, leç. vi : Des limites de la conscience.

est un effet, ni à un moi, dont il est un moment et une modification. Un état sensitif sans conscience n'est pas une contradiction « De ce que toute la réalité consiste dans la pensée, il ne s'ensuit pas que la distinction expresse du moi et du non-moi soit la condition de cette réalité. » Sensations, images, tendances, plaisirs ou peines se déroulent, sans que l'être y intervienne, les relie l'un à l'autre, leur oppose une action synthétique qui les domine. La vie proprement humaine, la vie moyenne se caractérise par la personnalité (*compos et conscium sui :* Maine de Biran) : le moi s'oppose au non-moi, et par cette opposition même prend conscience tout à la fois de sa propre réalité et de celle du terme qu'il s'oppose. La possession de soi modifie les modes, selon lesquels s'exercent les facultés : la pensée s'applique à l'objet, s'efforce d'établir entre les sensations l'ordre et l'unité, d'en faire un monde ; les tendances s'éclairent, se hiérarchisent ; l'activité devient choix, prévoyance, disposition dans le présent de moyens propres à assurer l'atteinte d'une fin lointaine. La vie sensitive est au-dessous de la conscience ; dans la vie moyenne, la pensée reste liée aux sensations qu'elle ordonne, son unité reste une unité de collection, ou mieux de système, qui toujours répond à un ensemble de mouvements organisés ; la troisième vie, la vie divine nous élève au-dessus de la conscience et de la personnalité; elle n'est plus une expérience qui nous laisse dans l'espace et dans le temps ; détachée de tout organe, elle nous dégage du point de vue sensible, elle nous libère de ce qu'il y a en nous de particulier et d'individuel, et par la science pure, par la contemplation de la beauté, par la vie

morale, elle nous ramène au principe, où tout s'identifie, l'acte éternel de la pensée.

La vie purement sensitive n'est point étrangère
à l'homme : il débute par elle, elle se continue en
lui par le rêve, par la rêverie, par tous ces états de
distraction, où les sensations, les images, les tendances, les plaisirs ou les peines qui leur répondent,
se succèdent, sans se réfléchir, comme une suite de
phénomènes naturels. Mais les trois vies ne sont
point étrangères l'une à l'autre ; dans la complexité
de la vie intérieure elles se mêlent, s'interpénètrent, et
il est bien difficile, chez l'homme, de séparer la sensation et l'imagination de l'intelligence. Au contraire la vie sensitive, que sa nature même nous
condamne à ne saisir qu'indirectement, s'isole, pour
ainsi dire, dans la vie animale, qu'elle constitue
presque tout entière. L'animal a des sensations,
auxquelles répondent des images ; il a des besoins,
des appétits, des désirs, des instincts ; il peut lier
deux perceptions, imaginer leur consécution, il ne
peut concevoir leur rapport nécessaire ; il est affecté,
il ne pense pas ; il ne peut ramener la diversité des
sensations à l'unité de la conscience, se recueillir lui-
même dans la multitude des phénomènes ; il est
plongé dans un rêve qui recommence sans cesse et
dont les épisodes sans rapport se succèdent sans
s'unir. L'animal qui ne pense pas agit soit d'après
des habitudes innées, qui sont proprement l'instinct,
soit d'après des habitudes acquises, qui dépendent
du caractère naturel, des circonstances et de l'éducation. L'animal inférieur trouve en lui des associations d'images organisées dans son système nerveux,
des liaisons établies avant toute expérience indivi-

duelle entre certaines inclinations, certaines perceptions et certains actes ; il est comme l'homme à
l'état de somnambulisme. L'animal supérieur a une
disposition naturelle et constante à la crainte, au
courage, à la douceur, à la férocité ; ce caractère,
qui diffère dans le bœuf, dans le mouton, dans le
tigre, laisse à l'animal plus de latitude que l'instinct,
tout en l'enfermant dans des habitudes dont il ne
peut sortir : il agit comme l'homme, qui, sous l'empire d'une violente passion, varie ses actes selon son
milieu et son éducation. En tout cas, l'animal n'est
jamais que la pensée hors d'elle-même, perdue dans
l'objet, une idée réelle, et, s'il doit disparaître tout
entier, c'est que la pensée, en se retrouvant, en se
concentrant, l'anéantirait.


### III


A cet état de dégradation, la pensée ne peut être
étudiée qu'indirectement par l'expérience et par le
raisonnement ; dans la vie moyenne, dans la vie
proprement humaine, le sujet s'oppose à l'objet,
la conscience apparaît et avec elle la personnalité.
La pensée n'est plus diffuse, évanouie dans l'objet,
mais elle reste en rapport intime avec lui ; ce n'est
qu'en s'opposant à lui qu'elle se connaît, s'aperçoit,
s'empare d'elle-même. En s'en distinguant, elle n'en
peut sortir ; elle est la pensée du monde, elle n'existe
qu'en lui donnant l'existence, et tous ses plaisirs,
toutes ses déterminations, tous ses actes se rapportent
à lui. La philosophie de la nature est en un sens une
philosophie de l'esprit, réciproquement, la philoso-

phie de l'esprit dans la vie moyenne devient une philosophie de la nature. L'esprit ne s'aperçoit qu'en créant
l'objet pour s'opposer à lui ; l'existence du moi est
inséparable de l'existence du monde, les deux termes
s'impliquent. La réflexion nous ramène ainsi du
sujet à l'objet, en nous donnant les éléments subjectifs avec lesquels nous avons construit le monde.
Nous ne subissons plus les sensations jusqu'à nous
confondre avec elles ; nous les soumettons aux
formes de la sensibilité et aux catégories de l'entendement. Par la loi des causes efficientes, nous les
réduisons à l'unité d'un mouvement uniforme et
continu ; par la loi des causes finales, nous faisons
de cette unité monotone et vide l'unité riche et
pleine d'une harmonie dont tous les éléments en
accord retentissent à la fois dans l'unité de la pensée
réelle et vivante.

Les formes de l'espace et du temps s'appliquent
aux données des sens par l'intermédiaire du mouvement de la main qui mesure à la fois l'étendue par
la durée, et la durée par l'étendue. « On a dit :
L'homme pense parce qu'il a une main ; ce n'est
pas très loin de la vérité ; ce n'est pas par la main
que l'homme pense, mais la main est l'auxiliaire
nécessaire de l'entendement : elle lui permet de
s'exercer dans l'espace et dans le temps (1). » Penser, c'est juger, c'est établir un rapport fixe entre
deux termes changeants, c'est ajouter l'être au phénomène, de ce qui passe faire ce qui dure. La nature
individualise à l'infini pour réaliser ; elle ne produit
pas la généralité ; il n'y a pas deux choses sensibles

_______________

(1) *Psychologie*, leç. xvii : De la perception.

qui soient identiques en deux points de l'espace et
du temps. La généralité est ce que la pensée ajoute
à la perception. Comme il faut un intermédiaire
entre les formes de la sensibilité et les sensations, il
faut un intermédiaire entre les catégories de l'entendement et les images sensibles. L'intermédiaire
c'est encore le mouvement, mais sous une forme
nouvelle et plus raffinée ; c'est le signe volontaire
et réfléchi. « Le geste est une ébauche rapide, une
sorte d'esquisse de l'objet ; le mot se substitue au
geste, et le signe écrit traduit l'objet d'une manière
durable. La main apprend peut-être à la langue à
parler, comme à l'œil à voir. Un système de signes
représente les objets individuels sans en peindre
aucun ; il rend seul possibles les idées générales, le
jugement, la pensée. L'homme pense parce qu'il
parle (1). » Dans la vie moyenne, le sujet s'oppose à
l'objet ; mais, s'il se distingue de l'objet, il ne s'en
dégage pas. Il s'aperçoit à travers les formes de la
sensibilité, et pour appliquer aux phénomènes sensibles les lois *à priori*, qui expriment son unité, il
a besoin d'un intermédiaire, d'un mot, d'un signe.
Ces signes ne sont pas moins nécessaires à la pensée
la plus abstraite que les mouvements de l'œil ou de
la main à la perception immédiate des objets ; mais
ces signes sont des mouvements, ces mouvements,
sont dans l'espace, le savant qui en a conscience a
donc conscience de quelque chose d'étendu. En
créant le monde, la pensée n'en sort pas, elle reste
dans l'espace et dans le temps (2).

(1) *Psychologie*, leç. xviii : Le jugement.
(2) *Cours de logique*, leç. xii : De l'observation intérieure. —

La vie moyenne a sa sensibilité propre, comme
elle a ses fonctions originales. L'activité intellec-

Dans cette leçon Lachelier montre qu'il n'y a pas deux mondes
distincts, un monde intérieur et un monde extérieur, étrangers
l'un à l'autre, sans aucun rapport concevable : « Il n'y a pas
deux mondes, mais un seul, dans lequel l'extérieur et l'intérieur
se pénètrent. » La volonté d'un mouvement ne se résout pas en
deux faits, l'un interne : la volonté ; l'autre externe : le mouvement. « La volonté qui commence l'effort et la réalisation de
cet effort sont les termes extrêmes, les deux faces d'un même
phénomène. La conscience commence dès qu'elle rencontre
l'étendue, pas avant. » Tout changement, toute succession de
phénomènes suppose l'espace. On pourrait donc dire que, dans
la vie moyenne, tous les phénomènes psychologiques sont tout
à la fois externes et internes, en ce sens que tous restent liés
au mouvement, dont ils sont comme la face subjective. La pensée abstraite elle-même maintient cette opposition et ce rapport
du sujet à l'objet, condition de la conscience individuelle.
« L'astronome a devant lui les signes qui lui tiennent lieu des
astres. Le mouvement de nos organes est nécessaire à la formation de nos connaissances. Or le mouvement répété en l'ab-
sence de l'objet, ou remplacé par un autre mouvement, tel que
l'articulation d'un mot, s'appelle *signe,* et les signes ne sont pas
moins nécessaires à la pensée la plus abstraite que les mouvements de l'œil ou de la main à la perception immédiate des
objets. C'est ainsi que les signes qu'emploie l'astronome servent de lien entre la pensée du savant et les figures que décri-
vent les astres dans l'espace. Mais ces signes sont eux-mêmes
dans l'espace, et le savant, qui en a conscience, a conscience de
quelque chose d'étendu... C'est grâce aux signes que le monde
entier peut entrer dans notre conscience et subir l'action de
notre volonté. » Maine de Biran avait défini la vie proprement
humaine (système perceptif et réflexif) par l'effort qui oppose
l'action à la résistance, et il avait montré que le terme « résistant, »
nécessaire à la conscience, se retrouve dans la pensée abstraite
elle-même, où spiritualisé, de plus en plus rapprochée de son
contraire, il devient le langage. Mais pour Maine de Biran, le
terme « résistant » semble bien extérieur à la conscience ; pour

tuelle, qu'elle s'applique à la spéculation ou à la
pratique, s'accompagne d'un plaisir, qui, comme elle,
relie ses moments successifs dans une sorte de continuité. Dans l'ordre spéculatif, le savant ne se lasse
pas d'apprendre ou de découvrir des vérités nouvelles,
le philosophe de chercher entre ses idées une unité
systématique, l'artiste d'exercer une action, dont le
progrès varie les formes, sans les épuiser jamais.
Dans l'ordre pratique, l'activité intellectuelle s'applique soit à la vie domestique, soit à la vie pu-
blique, et par les actes suivis, coordonnés, tous ten-
dant au même but, que ces deux vies comportent,
elle remplit la durée d'émotions qui leur répondent.
A ces plaisirs s'ajoute celui d'agir sur les autres
hommes, d'exercer sur eux une influence, de vivre
dans leur esprit. Comme l'instinct de conservation,
éclairé par la pensée, devient l'égoïsme réfléchi, la
recherche d'un bien-être durable, l'instinct social
donne naissance à la sympathie, qui n'a plus rien
d'animal, quand elle s'élève jusqu'au désintéressement. L'amour est toujours une tendance à s'unir
à un objet, mais cette union se présente avec des
caractères différents. Le besoin ne s'unit à son objet
(par ex. : aliments) qu'en le détruisant ; dans le
désir, qui nous porte vers les odeurs agréables, les
couleurs brillantes, la jouissance n'est plus destruction ; enfin, quand l'amour devient la sympathie,
quand il nous unit à un être semblable à nous, il ne
prend plus l'objet aimé pour moyen, il le prend pour
fin et se satisfait du seul sentiment de sa perfection.


M. Lachelier, il lui est intérieur, tout comme l'étendue qui
l'extériorise.

L'amour suppose que l'être tout à la fois nous ressemble et diffère de nous, que nous nous reconnaissons en lui, mais que nous y trouvons comme un complément de nous-mêmes. Dans la région de la pensée pure l'individualité disparaît : la démonstration d'une vérité mathématique identifie les esprits qui la comprennent. La sympathie s'attache à ce qu'il y a d'original, d'imprévu, d'unique dans chaque être en qui la pensée se donne une expression sensible. Ce que nous aimons en autrui, c'est moins la perfection réalisée que le mouvement de la nature vers elle (la femme, l'enfant). Tout ce qui vit, tout ce qui tend vers la conscience, tout ce qui fait effort vers l'idéal est susceptible d'être aimé. Nous aimons la nature, surtout la nature vivante : l'arbre ne nous est pas étranger, il a la conscience sourde de son être, il réalise une idée, un type divin, il est intelligible et il est intelligent ; « l'arbre, cette jeunesse de la nature, nous rajeunit par sympathie. » Nous aimons des personnes déterminées (amour conjugal, paternel, amitié), nous aimons des êtres collectifs (la famille, la patrie, l'humanité). Plus l'amour s'étend, plus il s'élève, plus il s'épure, plus il se lie à l'action et à l'intelligence, plus il ouvre devant elles un champ indéfini, mais moins il se mêle de tendresse et d'ardeur sensible (1).

La pensée, en s'ajoutant aux inclinations de la vie sensitive, pose tout à la fois et le bien propre de la vie moyenne et le mode de détermination, par lequel nous nous portons vers lui. L'animal a la spontanéité, il trouve en lui-même les ressorts qui

_______________

(1) *Cours de psychologie*, leç. **xx** et **xxi**.

le meuvent : le milieu n'agit sur lui que par l'intermédiaire des appétits qu'il éveille. Mais ces appétits sont une nature qu'il subit parce que cette nature le constitue tout entier. Avec l'homme, le mot de liberté prend un sens, non certes celui d'une liberté d'équilibre et d'indifférence, qui, contredisant les lois des choses et les lois de la conscience, rendrait impossible la constitution du sujet comme celle de l'objet, mais celui d'une activité réfléchie, qui entre le désir et l'acte met l'intervalle du jugement et de la délibération. L'être n'est plus tout entier nature, deux termes sont en présence : la nature dans sa multiplicité, le moi dans son effort vers l'unité, d'un côté un système d'inclinations, de l'autre la pensée qui juge ces inclinations, qui, à l'entraînement de chacune d'elles oppose l'idée de la vie prise dans son ensemble et du bien qui en remplirait la durée tout entière. Ce retard de l'action est rendu possible par la substitution du signe à l'image : l'image, qui occupe la conscience, se continue par le mouvement qu'elle représente, les signes permettent d'anticiper l'avenir, de s'y rendre comme présent, ils substituent aux plaisirs isolés, détachés, toute une suite de plaisirs et de peines, enchaînés selon des rapports logiques, et qu'il faut accepter ou rejeter ensemble.

Avec l'homme, qui lie dans le temps les états successifs, distingue le moi dans son unité de tous les éléments qui le constituent, quelque chose de nouveau apparaît : la prévoyance. L'animal ne peut jouir ou souffrir que de ce qu'il éprouve ou de ce qu'il imagine ; pour l'homme, le présent tient au passé et prépare l'avenir ; il anticipe sur les plaisirs futurs, il jouit par le souvenir des plaisirs passés.

Il ne se jette plus sur la sensation qui passe, il se représente toute la suite du temps, et il imagine un état de bien-être capable d'en remplir la durée. A l'idée du plaisir il substitue ainsi l'idée du bonheur, qui n'est pas l'idée de la plus grande somme de plaisirs possible, mais l'idée d'un état, où toutes les facultés de la vie moyenne trouveraient leur plein développement par le travail, par le succès et par l'amour. Dès lors, avant d'agir, nous pouvons concevoir et disposer une série de moyens et de fins, dont la réalisation successive exprime dans le temps la continuité d'un même vouloir. Notre bien nous apparaissant comme un événement possible, qui dépend de nous en une mesure, nous avons le choix entre des moyens divers, plus ou moins habilement concertés, et la détermination médiate par l'intelligence et la volonté remplace la détermination immédiate par l'instinct et l'imagination. Mais, si l'homme est libre dans sa manière d'agir, il ne l'est pas dans le terme de son action. La vie moyenne, comme la conscience qui la spécifie, reste liée au mouvement et soumise au déterminisme. La volonté est toujours une tendance vers le bien, mais ce bien nous est imposé par une nature, que nous ne faisons pas plus que le monde sensible, dans lequel nous vivons et nous agissons (1).

(1) *Psychologie*, leç. **xxii**.

## IV

Dans la vie moyenne, la pensée ne se donne l'existence qu'en donnant l'existence au monde ; elle se saisit comme cause mais dans ses effets, elle apporte bien quelque chose d'*à priori*, d'interne, qui dépasse l'expérience, mais elle adapte ses données aux formes de la sensibilité, et elle ne peut s'exercer que par l'intermédiaire du mouvement, dont elle perçoit la face subjective. Son unité reste une unité de mouvements en rapports, l'unité d'un système, d'une diversité, qui suppose l'organisme. La pensée peut aller plus loin, se détacher entièrement du monde et du corps et par la réflexion se saisir elle-même dans sa réalité éternelle : c'est la vie divine, la vie de l'esprit pur. Dans la vie inférieure, la pensée est absorbée dans l'objet ; il n'y a encore ni espace, ni temps, ni personnalité, ni conscience (pas encore d'expérience : éléments de la personnalité sans la forme) ; dans la vie moyenne, le sujet s'oppose à l'objet, s'en distingue; c'est la région de l'espace et du temps, de la conscience et de la personnalité (expérience : la personnalité dans ses éléments et dans sa forme) ; dans la vie divine, la pensée est seule, il n'y a plus d'objet, de matière, d'élément empirique ; la pensée tire tout de soi, elle est le sujet et l'objet, la lumière se voit elle-même (plus d'expérience ; acte pur et impersonnel). Comme il n'y a plus de point de vue particulier sur les choses, il n'y a plus de conscience individuelle ; comme tout ce qui passe, tout ce qui change a disparu, on est hors de l'espace et du temps, dans l'éternel. Pure intelligence de la vérité, production et contemplation de la beauté, conception et pratique de la justice et du devoir, telles sont les formes que prennent les trois facultés de l'âme dans cette vie supérieure et divine (1).

La science pure existe-t-elle ? Nous en avons un exemple dans les mathématiques, où nous produisons les objets en les définissant et où la définition devient le principe d'une déduction nécessaire. Le monde peut-il devenir l'objet d'une telle science ? Pourrons-nous jamais le créer *à priori*, de toute pièce, par des définitions qui l'engendrent ? Le monde est un mécanisme, tout s'y ramène à un mouvement uniforme et continu qui se poursuit avec la même vitesse dans la même direction. Tout se passe donc hors de nous, dans la nature, comme en notre esprit dans les mathématiques. Connaissant les mouvements primitifs et leur direction, on pourrait construire d'éléments simples, intelligibles, les corps les plus complexes, en donner des définitions adéquates, principes de déductions nécessaires. « Toutes choses sont des pensées, et la pensée, en les pensant ne sort pas d'elle-même. Nous pouvons rêver une réduction des sciences physiques aux sciences mathématiques ; une science de la nature *à priori*, supérieure à la personnalité, indépendante de l'espace et du temps ; une science divine, qui soit la présence réelle de l'esprit à toutes choses à la fois (1). »

Comme l'intelligence par la science pure deviendrait divine, ainsi la sensibilité par l'art se transforme, s'élève et se purifie. La nature nous apparaît d'abord

(1) *Psychologie,* leç. **xxiii.**
(2) *Ibid.,* leç. **xxiv.**

comme une vaste machine qui fait aveuglément des
astres, des plantes, des animaux et des hommes.
Mais le mouvement implique la direction ; la nature
est toute pénétrée de finalité ; elle n'est pas seulement un mouvement monotone, se poursuivant
selon des lois inflexibles, elle est un système de pensées détachées de la pensée universelle. L'utile ne
satisfait pas encore la nature, elle s'élève au-dessus
de la finalité. Après avoir achevé l'être, disposé ses
organes et ses fonctions, elle dépasse le degré de
perfection nécessaire à la vie, elle ajoute à son œuvre
un éclat divin, un rayon d'en haut qui la transfi-
gure et qui la glorifie. Ce je ne sais quoi, cet ineffable,
c'est « comme le cri de joie de la nature (1) » qui, sa
tâche faite, dans cet acte désintéressé, superflu, par
une intuition soudaine, se reconnaît comme l'esprit pur. La beauté, c'est la liberté absolue manifestée dans la nécessité. La pensée ne jouit pas de
l'objet, elle jouit d'elle-même ; par une intuition qui
la surprend et l'exalte, elle éprouve qu'elle est la
réalité absolue, qu'elle est tout ce qui est, et elle se
contemple éternelle, lumineuse, toute-puissante, et
sa contemplation la ravit hors de l'espace et du
temps dans une joie surnaturelle (2).

Comme l'intelligence par la science pure ; la sensibilité par l'art, de même et plus encore l'activité
par la vie morale devient toute spirituelle. Dans la
vie moyenne, la volonté s'oppose à la nature, la pensée juge et éclaire les inclinations, mais cette volonté
n'est encore qu'un désir raisonné ; des impératifs

(1) *Psychologie*, leç. **xxv**.
(2) *Ibid.*

LACHELIER.                                      8

hypothétiques nous proposent la comparaison et le choix de biens relatifs, qui nous laissent dans le monde phénoménal. La vie morale nous impose par un impératif catégorique un devoir, auquel il ne nous est en aucun cas permis de renoncer. L'impératif moral n'est absolu que parce qu'il nous prescrit le bien absolu. Le devoir est la volonté de notre être véritable, le désintéressement qu'il exige n'est que l'anéantissement de tout intérêt fini et sensible en face d'un intérêt infini et supra-sensible. La vie divine s'achève par l'acte moral, par l'acte, où l'esprit n'a plus d'autre objet et d'autre fin que lui-même. La science pure est un premier pas vers la liberté : la vérité n'est plus empirique, constatée, imposée, elle est une nécessité purement intellectuelle, que l'esprit ne subit pas, qu'il crée en la connaissant. La contemplation de la beauté est quelque chose de plus libre encore : le mécanisme nous laisse dans l'abstrait, il est un objet déjà, la beauté met dans la nécessité même le rayonnement de l'esprit, qui en elle se voit, se reconnaît, jouit de lui-même. Dans l'acte moral enfin, la pensée ne trouve plus en face d'elle-même ni objet, ni symbole ; la pensée est le sujet et l'objet, le motif et l'agent ; elle dépasse tout ce qui la limite, elle découvre qu'elle existe en dehors et au-dessus de tout ce qui la détermine ; elle se saisit sans intermédiaire dans sa réalité absolue. La pensée se dégageant de tout ce qui lui est étranger, anéantissant la nature par la conscience de sa supériorité infinie, se prenant pour fin, se voulant, s'aimant elle-même, à la fois l'agent et le terme de l'acte, c'est le devoir, le bien, la liberté absolue.

Ainsi définie, la liberté n'est point une puissance

indéterminée, elle est l'idéal, le bien lui-même. L'accomplissement du devoir nous affranchit de tout mobile extérieur, il fait du sujet tout à la fois le principe et la fin de l'acte ; mais le devoir par là même s'oppose à la nature, et, si nous sommes libres, quand nous l'avons accompli, il nous importerait d'être libres d'abord de l'accomplir. Or, la vie de la conscience se déroulant dans le temps a pour loi le déterminisme qui établit entre nos actes successifs, comme entre tous les phénomènes, un enchaînement nécessaire : chaque homme fait à chaque instant de sa vie ce qu'il ne dépend plus de lui de ne pas faire, et d'acte en acte la liberté, comme puissance de choix, recule, sans trouver nulle part une place dans la vie présente. Mais si la vie présente, comme le monde où elle est engagée, est dans le temps et dans l'espace, plus profondément elle est une détermination de la pensée qui n'est ni dans l'espace ni dans le temps. Comme le devoir lui-même, la liberté, qui décide du choix de nos actes est d'ordre supra-sensible. Le déterminisme ne fait qu'étaler dans la durée, pour ainsi dire, l'acte intemporel de libre choix, qui en contient éminemment les termes successifs. En nous élevant au-dessus de la nature, en ne laissant d'autre mobile d'action qu'un amour intellectuel, pur de tout attrait sensible, le devoir accompli prouve que la liberté supra-sensible est réelle, qu'elle n'est au terme de la vie morale que parce qu'elle en est le principe.

« L'être, tel que nous le concevons, n'est pas d'abord une nécessité aveugle, puis une volonté, qui serait enchaînée d'avance par cette nécessité, enfin une liberté, qui n'aurait plus qu'à constater l'existence de l'une et de l'autre. Il est tout entier liberté, en tant qu'il se produit lui-même, tout entier volonté, en tant qu'il se produit comme quelque chose de concret et de réel, tout entier nécessité, en tant que cette production est intelligible et rend compte d'elle-même. De même, chacun de nous n'est pas, d'abord, un mécanisme d'états internes, puis un caractère, qui ne serait déjà que l'expression de ce mécanisme, puis une réflexion, un *moi*, témoin inutile et irresponsable de notre vie intérieure. L'acte, par lequel nous affirmons notre propre être le constitue, au contraire, tout entier, car c'est cet acte même qui se réalise et se fixe dans notre caractère et qui se manifeste et se développe dans notre histoire. Il ne faut pas dire que nous nous affirmons tels que nous sommes, mais, au contraire, que nous sommes tels que nous nous affirmons. Il ne faut pas dire surtout que notre présent dépend de notre passé, qui lui-même n'est plus en notre pouvoir : car nous créons tous les instants de notre vie par un seul et même acte, à la fois présent à chacun et supérieur à tous. Nous avons conscience, dans chaque instant, de cet acte, et, par suite, de notre liberté ; et, d'un autre côté, lorsque nous considérons ces instants les uns par rapport aux autres, nous trouvons qu'ils forment une chaîne continue et un mécanisme inflexible. Nous accomplissons, en un mot, une destinée que nous avons choisie, ou plutôt que nous ne cessons pas de choisir (1). »

Ainsi par la dialectique, la pensée, après avoir créé

_______________

(1) *Du Fondement de l'induction* suivi de *Psychologie et Méta-physique*, pp. 170-171.

l'objet, est amenée à se reconnaître comme la substance, comme la cause de tout ce qui est ; par la
réflexion, prenant comme possession d'elle-même,
elle se détache peu à peu de tout objet, elle fait évanouir tout ce qui la voile ; elle se recueille ; elle se
concentre ; dans l'état moral elle se veut elle-même ;
elle se reconnaît comme la seule fin qui mérite d'être
poursuivie pour elle-même, comme le seul bien dont
l'amour ne soit pas une illusion. Puisque la pensée
est l'être éternel, infini, la lumière dont le monde
n'est qu'une réfraction, la seule réalité véritable
est l'acte de la pensée se voulant et s'aimant elle-
même. Le principe des choses en est la fin, tous les
rayons remontent au foyer dont ils émanent, le cercle
se referme ; la pensée, n'ayant plus rien devant elle
qui lui soit étranger, s'étant retrouvée elle-même, n'a
plus rien à chercher (1).

C'est ainsi que la pensée par la réflexion s'élève
jusqu'à la pure conscience d'elle-même. Le mystère
de la nature humaine s'éclaircit : l'âme et le corps,
leur distinction, leur union, leurs rapports, tout s'explique, l'homme se comprend dans sa dignité et dans
son esclavage du corps. Il ne s'apparaît pas comme
un être monstrueux, composé de deux substances
sans rapport. L'âme et le corps sont les deux points
de vue d'une seule et même substance : le corps,
c'est la pensée déterminée, vue à travers les formes
de la sensibilité; l'âme, c'est la pensée toute pure,
l'être qui soutient les phénomènes. Prétend-on passer de l'étude des faits internes à une âme spirituelle
par le raisonnement, on est condamné d'avance au

(1) *Psychologie*, leç. xxvi, xxvii.

paralogisme : il n'y a de changement que dans l'espace, tout ce qui est phénomène est étendu. On dit : la pensée est une. Soit. Elle est une comme l'objet, d'une unité de collection. L'unité de la pensée d'une ville ne diffère pas de l'unité de la ville. Or le corps est bien plus propre que l'âme à expliquer cette unité collective, un organisme n'étant que l'unité d'une multitude de mouvements en accord. On dit encore : La pensée est identique, et on invoque la persistance des souvenirs. Mais les états dont la liaison persiste dans le souvenir, ce sont des phénomènes, des mouvements ; cette persistance n'est-elle pas explicable par le corps ? Il se renouvelle sans cesse, il est vrai, mais le nouveau corps reproduit l'ancien ; pourquoi les derniers éléments du cerveau ne conserveraient-ils pas les formes, les dimensions, les vibrations des éléments qu'ils remplacent ? Les cicatrices ne sont-elles pas des souvenirs tout corporels ? Il n'y a que le corps qui puisse expliquer à la fois l'identité et la diversité des états intérieurs qui survivent dans la conscience. Le libre arbitre n'est pas une preuve, parce qu'il n'existe pas. Nous n'agissons jamais sans motifs, l'action n'est que la suite d'un mouvement qui la précède et qui la détermine. La succession suppose l'étendue ; on ne va pas des phénomènes à l'âme ; des phénomènes on ne peut aller qu'à une machine corporelle, qu'à un système de mouvements organisés. L'âme ne se conclut pas, elle se saisit directement. L'âme, c'est la pensée pure, se détachant de tous les phénomènes, s'apercevant par la réflexion en dehors de toutes ses déterminations, dans son indépendance absolue, se mettant hors des choses, hors de l'espace, hors du temps, et regardant de l'éternel, une, identique, immobile, le flot des phénomènes qui s'écoulent. La conclusion de la philosophie de la nature, c'est que le réel du monde, c'est Dieu ; la conclusion de la philosophie de l'homme, c'est que ce qu'il y a de réel, de spirituel, d'immortel dans l'homme, c'est Dieu (1).

(1) *Psychologie*, leç. **xxviii**, **xxxi**.

# CHAPITRE VI



## I.

La nature d'un être contient sa destinée : comme
la psychologie, la morale nous ramène de l'objet au
sujet, des phénomènes à l'être, des inclinations à la
liberté. Par cela même que l'homme est la pensée se
présentant l'illusion d'un objet qui la limite, il ne doit
aller au vrai bien qu'en traversant le mirage des
biens extérieurs. Il veut accomplir sa destinée, et
sa destinée lui apparaît d'abord comme la satisfaction de ses tendances personnelles. C'est la morale de
l'égoïsme, la morale du plaisir poursuivi par un être
raisonnable et prévoyant. Plaisirs des sens, bien-
être, plaisirs de la vanité, plaisirs de l'ambition voilà
le cercle dans lequel tourne l'égoïsme. Les plaisirs
des sens ne dépendent pas de nous ; cherchez le bonheur dans le plaisir, quand vous êtes né avec une
maladie organique. Ils n'occupent pas les facultés
supérieures de l'âme qui, cherchant l'infini dans la
sensation, tuent le corps sans se satisfaire. Enfin
l'habitude les émousse en les rendant nécessaires, et

ce prétendu bonheur n'est que la fièvre d'une soif
toujours inassouvie. Quant au bien-être, il exige la
prudence, l'épargne, et il manque d'intensité ; de
plus, si tout le monde y prétend, on se bat, et la
guerre ne laisse plus personne en jouir. Reste la vanité, l'ambition. On ne dépend plus de la nature
physique, on dépend des autres hommes : pour les
dominer, on se fait leur esclave. On veut être admiré,
mais l'admiration est une forme de l'amour qui ne
s'obtient que par le désintéressement. Ce n'est pas
l'ambitieux qui est admiré, c'est le personnage qu'il
joue : il ne peut échapper à la conscience de son men-
songe. Il a la gloire, comme l'acteur de tragédie la
majesté royale. Enfin l'égoïste qui veut tout possé-
der, ne possède rien. Il laisse échapper tout ce qui
vaut la peine, tout ce qu'il y a d'aimable et d'intelligible : son âme est une solitude vide et désolée. Il s'est
séparé de tout, il ne lui reste rien que l'illusion de l'individualité. La morale égoïste est absurde; c'est assez
de rechercher le bonheur pour ne pas l'atteindre (1),

Accomplir sa destinée, c'est satisfaire ses tendances ; l'égoïsme n'est faux que parce qu'il est in-
complet. L'homme s'est calomnié lui-même; l'égoïsme
est animal, il n'est pas humain. L'homme par la
raison peut entrer en sympathie avec tout ce qui est,
comprendre le monde, admirer la beauté, aimer ses
semblables. Voilà les biens impersonnels, offerts à
tous, qui donnent le bonheur. La science, c'est tout
devenant intelligible, c'est l'esprit égal à l'univers ;
l'art, c'est l'esprit ne se retrouvant plus indirectement dans des formules, ombres de la réalité ; c'est

(1) *Morale*, leç. II.

l'esprit devenu réel, se voyant par les yeux ; c'est
tout le détail des vérités, que découvre péniblement
la science, saisi dans une intuition qui est la splendeur
du vrai ; la sympathie c'est le commerce direct des
âmes pouvant s'élever jusqu'à l'amour qui transfi-
gure et glorifie l'objet aimé. L'amour envahit l'âme
tout entière, la remplit d'une telle plénitude qu'il la
détache d'elle-même, la pénètre d'une douceur si
profonde qu'il lui donne l'ardeur du dévouement jusqu'à la mort, le désir de s'anéantir pour ne plus vivre
qu'en ce qu'elle aime. N'y a-t-il pas là de quoi satisfaire les plus ambitieux ? « L'amour a ceci de commun avec tous les sommets qu'on n'y reste pas. L'illusion s'évanouit, la transfiguration cesse, on rentre
dans la condition vulgaire, on se retrouve en présence
d'un être semblable à soi (1). » L'amour, « qui unit
directement les êtres par un lien magique (2), » est
éphémère ; l'amitié est durable, mais froide comme
l'intelligence. Il reste de se rejeter sur les jouissances
esthétiques : comment l'art donnerait-il ce que ne
peut donner l'amour ? De l'intelligence nous pas-
sons à ses œuvres, de l'âme à ses symboles. La science,
c'est moins encore : à la place de l'être elle met une
formule, elle est ce qu'il y a de plus vide au monde,
elle est ce qui est moins la réalité même, elle finit
au désespoir de Faust. Enfin, si vraiment cette morale
exprime notre destinée, combien d'hommes peuvent-
ils accomplir la destinée humaine ? Combien ont
assez de force d'esprit pour comprendre la vérité,
combien une sensibilité assez délicate, assez pénétrée

(1) *Morale*, leç. iii.
(2) *Ibid.*

d'intelligence pour goûter les beautés de l'art et de la nature !

Il est impossible que la loi d'un être ne soit pas l'accomplissement de sa destinée. Gardons le principe, en modifiant son interprétation. Entendue subjectivement, la fin d'un être, c'est la satisfaction de tous ses penchants, c'est le bonheur ; entendue objectivement, c'est le développement de toutes ses facultés, c'est la perfection. Tant que l'homme s'isole du monde, dont il est un élément, il ne se comprend pas lui-même ; la loi morale, c'est de se voir dans l'ensemble des choses, de réaliser sa propre nature en travaillant à l'ordre universel, à la perfection simultanée et harmonieuse de tous les êtres. Voilà une fin qui semble digne de la raison, vaste comme elle. Mais cet accomplissement des destinées est-il possible ? La nature paraît peu s'en soucier ; elle multiplie les êtres selon une progression effrayante et corrige sa fécondité par la destruction. Que de destinées avortées ! L'herbe ne demande qu'un peu de soleil et d'eau, le taureau mange l'herbe ; survient l'homme qui mutile le taureau intelligent et fort, en fait le bœuf indolent et lourd, l'engraisse et le mange. Singulière façon de travailler à l'ordre universel ! Qui est coupable ?... L'homme du moins peut-il accomplir sa destinée ? La lutte pour la vie se retrouve dans la société ; les infirmes de corps, d'esprit et de volonté sont écrasés et transmettent leurs misères et leurs vices, comme une fatalité naturelle, à des générations prédestinées et maudites. L'homme spirituel est-il plus heureux que l'homme physique ? Quel est celui qui accomplit toute sa destinée ? Il faut rayer d'un seul coup toutes les nations sauvages, dans l'antiquité les esclaves, dans la plupart des pays les femmes. « On est réduit à compter sur les doigts les hommes qui ont donné un plein développement à leur intelligence ; on cite Platon, Aristote, Dèscartes, Leibniz ; mais l'esprit n'a-t-il pas tué le cœur (1) ? » Ces hommes admirés ne sont-ils pas de grands infirmes, les hypertrophiés de l'intelligence ? Alors il faut bien avouer que la perfection totale se compose d'imperfections partielles, que le bien est contingent, relatif. Est-il du moins praticable ? Comment préciser toutes les conséquences possibles d'une action avant d'agir ? Comment établir ses rapports à l'ordre universel ? On arrive à des conséquences décidément immorales. N'y a-t-il pas des cas, où il peut être utile de sacrifier une partie à l'harmonie de l'ensemble ? C'est la politique de la raison d'État, la justification du despotisme et de l'esprit révolutionnaire. On imagine bien un Dieu chargé de réparer toutes les erreurs de la nature et de contenter tout le monde. On ouvre le ciel aux regards éblouis, et le système finit en apothéose. Mais ce n'est là qu'une pièce de rapport ; l'unité du système est rompue. Ou « le ciel n'est qu'un hôpital pour les destinées manquées ici-bas (2)», et il faut l'ouvrir aux animaux comme aux hommes ; ou il nous désintéresse de l'ordre universel, qui n'a plus d'importance et qui disparaît devant cet ordre suprême et définitif réalisé dans la vie éternelle.

Si nous avons échoué une fois encore, n'est-ce pas que soumettre l'esprit au monde c'est subordonner le

(1) *Morale*, leç. iv.
(2) *Ibid.*

supérieur à l'inférieur ? La liberté étant au-dessus des
choses, ne peut se résigner « à ce métier de valet (1) ».
L'homme ne peut accepter de loi que de la volonté
de Dieu. L'obligation, le respect, les épreuves de la
vie présente, les sanctions futures, tout s'explique
dans cette hypothèse et la confirme. — Est-il vrai
que la morale ne puisse reposer que sur la religion ?
Pour commander le respect, non la crainte, la loi ne
doit pas être l'ordre d'une volonté arbitraire. La
liberté ne peut accepter une consigne; « elle est l'absolu lui-même ; l'être personnel auquel on prétend
l'assujettir n'est qu'un fantôme (2) ». A vrai dire,
c'est « la religion qui repose sur la morale » ; la conscience juge les révélations, choisit entre elles et rejette
sans plus d'examen toutes celles qui la blessent.
Quant aux conséquences pratiques, elles sont détes-
tables. Les textes sont obscurs ; il faut s'en rapporter
aux interprètes, « c'est, en fin de compte, l'homme
qui fait la loi à l'homme (3) ». La religion qui sem-
blait s'élever si haut n'est plus qu'une politique au
service des intérêts d'une caste sacerdotale. La loi
morale ne peut nous être imposée du dehors ; « l'absolu en l'homme prend conscience de lui-même, il
n'y a rien au-dessus de l'homme ; si l'esclavage est
absurde, c'est que l'homme a conscience de porter
sa fin en lui-même, on ne peut transporter l'esclavage de l'ordre physique dans l'ordre métaphysique (4) ».

Le problème moral semble insoluble : si nous cher-

----

(1) *Morale*, leç. v.
(2) *Ibid.*, leç. v.
(3) *Ibid.*, leç. v.
(4) *Ibid.*, leç. v.

chons notre loi dans nos tendances, nous poursui-
vons un bonheur qui nous fuit ; si nous plaçons notre
fin hors de nous, nous cherchons en vain un bien
qui soit supérieur à la liberté. Les contradictions se
multiplient : la loi morale est un impératif catégorique, un ordre sans conditions, et elle ne peut pas
être une consigne; le bien doit être infini et réalisé
ici-bas par des actes finis ; le devoir dépourvu de tout
attrait sensible nous détache de nous-mêmes jusqu'au sacrifice, et il est absurde, impossible qu'un
être intelligent agisse sans avoir en vue son bonheur.
Ces contradictions ne sont dans notre destinée que
parce qu'elles sont dans notre nature : la réflexion
résout le problème en nous ramenant de l'objet au
sujet, des phénomènes à l'être, au moi, à la pensée absolue. Nos inclinations se rapportent au monde sensible et nous y laissent, le fini ne peut satisfaire l'infini ; le bonheur est une illusion, dont la possession
fait sentir la vanité. Faire de l'ordre universel la fin
de la liberté, c'est encore donner au monde sensible
une valeur absolue, élever l'objet au-dessus du sujet
qui le crée ; faire intervenir un Dieu personnel, un
législateur et un juge de la conscience, c'est poser
en face de la pensée, en face du vrai Dieu, impersonnel et infini, une idole, un fantôme, qui n'a de
réalité que par notre imagination. L'absolu, c'est la
pensée. L'homme n'est intelligible à lui-même dans
sa nature et dans sa destinée qu'au moment où, se
dégageant de toutes les illusions sensibles, il se saisit
dans sa réalité spirituelle. La loi morale s'impose
et ne peut être imposée, « puisqu'on ne peut s'obliger
soi-même ni être obligé par autrui : il reste que soi-
même considéré à un point de vue on oblige soi-

même considéré à un autre point de vue, que l'homme
de l'éternité oblige l'homme du temps (1). » Le devoir
résulte de la valeur infinie que l'être sensible doit à
l'existence intelligible à laquelle il est appelé et dont
il porte en lui le germe. La réflexion nous a montré
tout au fond de nous-mêmes la liberté, la pensée se
prenant pour fin : cet acte par lequel on sort de l'espace et du temps pour entrer dans l'éternité, c'est
l'acte moral. Il n'y a aucun intérêt, puisque tout attrait sensible est sacrifié ; il y a un intérêt infini,
puisque nous nous dépouillons d'une existence superficielle, apparente, pour entrer dans l'existence véritable. « Le mérite, c'est d'ajourner le bonheur (2). »
— « Si le bonheur est hors de cette vie, la vertu peut
très bien être le sacrifice du bonheur actuel, en même
temps que la science du bonheur. » En nous révélant
ce que nous sommes, la réflexion nous apprend ce
que nous devons être : rien n'est que la pensée ;
prendre la pensée pour fin, c'est s'attacher au seul
bien véritable. Mourir, c'est vraiment vivre ; la mort
à la vie sensible, c'est la résurrection dans la vie éternelle, voilà le principe qui lève toutes les contradictions. L'intérêt véritable, c'est le sacrifice. Notre
devoir est bien d'accomplir notre destinée; mais accomplir notre destinée, c'est faire évanouir toutes les
illusions sensibles, c'est nous éveiller du rêve suivi
dont les fantômes bien liés nous abusent, c'est anéantir le fini devant l'infini, nous souvenir qu'il n'y a que
Dieu de réel et d'immortel dans le monde et dans
l'homme.

(1) *Morale*, leç. vii; *Logique*, leç. xiv.
(2) *Ibid.*, leç. vi.

Si notre destinée n'est pas de ce monde, le devoir,
c'est d'en sortir par le suicide ou par l'extase: la conséquence ruine le principe. — Oui, si l'on considère
l'homme que nous sommes et l'homme que nous serons
un jour comme deux êtres extérieurs l'un à l'autre
et sans rapport ; non, si c'est le même être qui se
continue, « qui se saisit ici-bas dans un état et peut
espérer de se saisir un jour dans un état différent(1) ».
La vie présente est sacrée, « précisément parce qu'elle
est fondée sur une existence absolue avec laquelle
elle fait corps ». — Mais rien de ce qui est fini ne
peut avoir une valeur absolue, comment donc réaliser
ici-bas sa destinée ? — « Certains actes peuvent
prendre une valeur absolue en tant qu'ils représentent *symboliquement* le fond absolu des choses...
Puisqu'en ce monde nous ne pouvons avoir une conscience directe et adéquate du mode d'existence supra-
sensible, nous devons nous en donner autant que
possible une conscience indirecte, symbolique, en
réalisant ici-bas les rapports qui représentent le plus
fidèlement ce qui existe dans le fond supra-sensible
des choses (2). » Notre vie présente doit exprimer
par des actes symboliques la liberté absolue. — Mais
que savons-nous de notre existence supra-sensible ?
— « Nous ne pouvons nous en faire aucune idée déterminée, et la raison en est que toute détermination
disparaît avec le monde sensible. Mais nous pouvons
dire qu'il resterait de nous tout le fond de notre
nature spirituelle, c'est-à-dire le vouloir et la pensée,
sans aucune succession ni diversité en nous, sans

(1) *Morale*, leç. vii.
(2) *Logique*, leç. xiv.

aucune distinction entre les individus (1). » C'en
est assez pour que nous puissions affirmer « que ces
actions seront bonnes et auront symboliquement
une valeur absolue qui représenteront d'une part
l'unité absolue de l'âme humaine dans la diversité
de ses facultés, d'autre part l'unité absolue des âmes
dans la diversité des personnes. De là, le principe de
nos devoirs envers nous-mêmes : repousser tout ce
qui fait obstacle à la conscience et à la liberté, s'attacher à tout ce qui les développe et les fortifie, ramener autant que possible notre existence sensible
à notre existence supra-sensible et pour cela développer nos facultés, dans la mesure où elles sont
l'expression de notre existence intellectuelle. De là
aussi ce principe de nos devoirs envers nos semblables : ramener le plus possible la diversité des âmes
humaines à l'unité des âmes en Dieu ; par conséquent, se mettre à la place d'autrui et mettre absolument autrui à la sienne. D'où l'on tire le principe évangélique : « Faites aux autres ce que vous
voudriez qui vous fût fait à vous-mêmes (2). » On
ne peut séparer les devoirs envers soi des devoirs envers autrui. Rechercher le bien-être par vanité, travailler à sa propre perfection par orgueil, étendre ses
connaissances par ambition personnelle, ce n'est pas
agir moralement. La culture orgueilleuse et intéressée de soi-même laisse l'homme dans le monde
sensible, dans les illusions de l'égoïsme. Ce que nous
devons honorer en nous par le soin du corps comme
par la science et par l'art, c'est l'esprit pur, en qui

(1) *Logique*, leç. xiv.

(2) *Ibid.*, leç. xiv : « Autrui et moi sont identiques dans
l'ordre supra-sensible. »

moi et autrui sont identiques. « Notre vrai devoir envers nous-mêmes, c'est de nous affranchir de tout ce qui nous empêche d'honorer l'esprit pur dans nos semblables, et de nous mettre dans l'état qui nous permet de faire le plus de bien aux autres, l'idéal étant un état où chacun n'aurait en vue que le bien d'autrui (1). » Effacer la distinction des personnes, imiter l'unité des âmes en Dieu, s'élever ainsi à l'éternel par l'impersonnel, voilà l'acte vraiment moral, le seul bien, la seule beauté, qui puisse égaler l'amour que toutes nos harmonies partielles ne satisfont qu'un instant. Le dernier précepte de la morale, celui qui comprend et résume tous les devoirs, c'est la charité universelle : il faut renoncer à soi-même, aimer intellectuellement et pratiquement son prochain, mourir en soi pour vivre en autrui ; il faut, en supprimant tout centre personnel, faire du monde des âmes ici-bas l'image de l'infini, un cercle dont le centre soit partout, la circonférence nulle part. Si tout ce qu'il y a de réel en l'homme c'est Dieu, l'homme se réalise d'autant plus lui-même qu'il se rapproche davantage de Dieu (2).

(1) *Psychologie*, leç. xxvi.

(2) *Cours de logique*, leç. xiv : Des déductions morales. — La méthode de la morale est purement déductive, déduction métaphysique du principe de la morale, le Devoir fondé sur le rapport de notre existence sensible à notre existence suprasensible ; déduction logique des conséquences de ce principe : les devoirs particuliers comme « symbolique » de ce rapport. Devoirs négatifs envers nous-mêmes : ne rien faire qui porte atteinte à la personne en nous, qui l'humilie, qui « l'animalise »; devoirs positifs envers nous-mêmes : développer toutes nos facultés physiques et spirituelles sous l'idée de la vie supérieure, dont elles sont la condition momentanée. Devoirs néga-

## II

Le principe de la science et des choses, notre nature
et notre destinée, tout nous ramène à la pensée, à
l'absolu, à la liberté, qui ne dépend de rien, dont
tout dépend. Tout rattacher à la pensée, c'est tout
rattacher à Dieu : nous n'avons pas à sortir de nous

tifs envers autrui : respect de la personnalité interne (ou dans
le temps) — de la personnalité externe (ou dans l'espace), le
droit ; droits de défense qui naissent de la violation du droit.
Devoirs positifs envers autrui : bienfaisance et bienveillance distinctes de la charité, qui est d'ordre religieux. La société n'est
pas d'institution arbitraire, elle est d'origine tout à la fois naturelle et volontaire (inclination réfléchie et consentie), sa fin
est de travailler au règne de la raison. Comme dans les individus
la passion s'oppose à la raison, il faut que la raison, devenue
la loi, s'impose à ceux qui ne s'y soumettent pas librement.
L'État se divise ainsi en sujets et souverain. La loi doit être
l'expression de la raison. La raison n'est pas réalisée dans la
multitude, qui ne voit que l'intérêt immédiat, elle a nécessairement pour interprète l'élite de l'humanité. La tradition corrige
le danger des abus de pouvoir : la loi, en vieillissant, se détache
du législateur, tend, comme la raison elle-même, à devenir
impersonnelle. La souveraineté du peuple substitue à l'autorité
de la raison la volonté commune, dont le caractère est d'être
incertaine et capricieuse. La grande erreur de la démocratie est
de confondre les sujets et le souverain, d'oublier que la vraie
liberté consiste essentiellement à n'obéir qu'à la raison, de
subordonner la forme à la matière, l'un au multiple. La démocratie est le renversement de tous les principes, le péché contre
l'esprit. Cette conception de l'État, qui lui confère une autorité
d'ordre moral, se rapproche de la conception des anciens,
mais elle en diffère, parce qu'au-dessus de la société politique,
Lachelier élève la société religieuse, qui en est indépendante.
(*Cours de morale*, leç. xv: De l'État ; —*Cours de politique*.)

pour aller à lui. S'il était une personne distincte de nous, comment pourrions-nous le connaître ? Connaître, c'est toujours avoir conscience. Comment aurions-nous conscience de ce qui est hors de nous ? De plus, si l'infini est substantiellement distinct de moi, comment pourrait-il coexister avec ce moi ? surtout en être l'auteur ? Faire l'être hors de soi, cela n'a pas de sens et ne peut être qu'une répétition stérile. Rejeter le déisme, n'est-ce pas accepter le panthéisme, dire que la pensée n'est rien en dehors de ses déterminations, que Dieu n'est qu'une idée dont le monde est la réalité, un idéal qui se forme par abstraction dans l'esprit humain ? Alors « nous aimons Dieu dans la science, dans l'art, dans le pain et dans la viande, puisque toutes ces choses sont Dieu lui-même, que sans elles il ne serait rien : sanctification de la jouissance et toutes conséquences monstrueuses (1) », voilà le panthéisme. Comment sortir de cette contradiction ? Puisque les deux thèses dans leur opposition se détruisent, il reste de trouver une solution qui les comprenne et les concilie, de chercher Dieu à la fois en nous et au-dessus de nous.

Toutes les preuves de l'existence de Dieu se ramènent à des sophismes quand on prétend établir par elles l'existence d'un Dieu personnel, distinct du monde et de l'homme ; toutes reprennent un sens quand, au lieu de raisonner, on réfléchit, quand, au lieu de chercher dans le monde un Dieu distinct du monde, dans l'homme un Dieu distinct de l'homme, on rattache tout ce qui est au fond substantiel des

_______________

(1) *Psychologie*, leç. xxi.

choses, le monde et l'homme à la pensée. On ne passe pas analytiquement, quoi qu'en disent saint Anselme et Descartes, de l'idée de l'infini à l'existence de l'infini : Kant a bien montré la confusion sur laquelle repose l'argument. Mais la pensée donne l'être à tout ce qui est, en ramenant la diversité sensible à l'unité intelligible ; « des sensations débandées sont des rêves, des sensations qui marchent en rang serré sont des réalités (1) ». Exister, c'est être pensé. Faisons tomber tout le matériel, toutes les sensations ; il reste l'être, qui ne se distingue pas de la pensée : « il ne peut pas ne pas y avoir de vérité ». L'argument ontologique vaut, si l'être et la pensée se confondent. Il ne faut pas dire : Moi individu, j'ai l'idée de l'infini, donc l'infini existe hors de moi ; il faut dire : l'absolu prend conscience de lui-même en moi ; l'idée de l'infini est impersonnelle, elle est l'infini lui-même.

De même, les arguments cosmologiques n'ont aucune valeur, si l'on prétend passer en vertu du principe de causalité, du monde à Dieu. Tant qu'on reste dans l'espace et dans le temps, on va de phénomènes en phénomènes, sans atteindre jamais la cause première(2). Mais la dialectique, en nous ramenant de

(1) *Théodicée*, leç. ii.

(2) *Cours de logique*, leç. xv : De la conscience pure de soi-même. — « Pourrai-je, muni de ces deux principes, l'idée de cause et la connaissance empirique du rapport entre l'antécédent et le conséquent, remonter jusqu'à Dieu ? Pour cela, je dois évidemment partir de l'observation du monde. J'en étudierai donc l'état présent, je chercherai la cause de cet état, et je la trouverai dans un état antérieur, dont l'état présent dérive selon les lois de la nature. Je remonterai ainsi d'époque en époque, jusqu'au temps où notre globe était liquide, et enfin gazeux,

l'objet au sujet, du phénomène à l'être, du relatif à l'absolu, nous fait saisir le monde en rapport avec Dieu. Le monde n'existe que parce qu'il est intelligible, que parce qu'il dérive de la pensée, que parce qu'il est la pensée même se saisissant sous les formes de l'espace et du temps. Si l'être nécessaire est la pensée, tout s'explique. Dieu est comme la vérité ; il est infini, éternel, parce que la pensée hors de l'espace et du temps est sans figure, exclut toute limitation. La création, absurde dans l'hypothèse d'un Dieu objectif, en dehors duquel rien ne peut exister, n'est plus une contradiction. Rien ne s'oppose à ce que les choses pensées et la pensée coexistent : la vérité et les choses vraies sont distinctes et ne font qu'un ; voilà le rapport du fini à l'infini. On dira : l'objet sensible limite la pensée ; mais l'objet sensible n'est qu'une apparence. Le fini, c'est un point de vue sur l'infini ; il en dépend et il s'en distingue, il n'existe que par lui et il n'est pas lui, il ne le limite qu'en ce sens qu'il ne l'exprime pas tout entier. Aller du monde à Dieu, du phénomène à l'être, c'est donc rattacher tout à l'unité substantielle de la pensée, qui s'aperçoit par la réflexion comme le prin-

jusqu'où je voudrai, car j'irai toujours de l'homogène à l'homogène, et jamais je n'atteindrai le bout de cette chaîne infinie. ...Mais si je prétends inférer l'existence de Dieu de la considération de l'univers, à l'exemple du physicien qui conclut de l'effet à la cause, je commets un paralogisme. Sans doute, tout effet suppose une cause, mais une cause de même ordre que lui, c'est du moins tout ce que nous sommes en droit d'affirmer d'après les lois de notre entendement. » Le principe de cause me permet bien de remonter la série des phénomènes, il ne me permet pas d'en sortir et de donner aux phénomènes une cause supra sensible.

cipe et la réalité de toutes les pensées déterminées (1).
Ainsi, comme la preuve ontologique, les preuves
cosmologiques ne sont que des sophismes, si par elles
on prétend sortir de la pensée, établir l'existence
d'un *Dieu-objet*; elles reprennent un sens, si on ne
veut qu'approfondir par la réflexion la pensée et
son rapport au monde : « la seule théodicée possible
jusqu'ici est une théodicée subjective. »

La preuve par les vérités éternelles nous conduit
aux mêmes conclusions. Si les lois logiques, qui dominent l'esprit, si les lois mathématiques et mécaniques, qui dominent le monde, ne sont que les déci-
sions d'un être personnel, si elles résident dans un
entendement distinct des choses et de l'esprit, rien
ne nous garantit qu'elles ne seront pas transformées
subitement par un caprice de cette volonté arbitraire.
Si ces vérités nous sont données, elles ne sont que
des faits, on ne sort pas de l'empirisme. Une vérité
ne peut être nécessaire que si elle procède du fond
même de notre esprit, elle ne peut être éternelle que
si elle exprime le rapport nécessaire de la pensée à
l'objet qu'elle se donne. Le fini, c'est encore l'infini;
le relatif, c'est encore l'absolu ; dans l'espace et dans
le temps, c'est l'éternel qui apparaît, voilà pourquoi
il y a des vérités éternelles. Le fondement de la vérité
c'est le rapport de tout ce qui est à la pensée (2): le principe de contradiction est l'acte intellectuel primordial,
les vérités *à priori* de physique générale (il y a toujours dans le monde même quantité de matière, etc...)
reposent sur la nécessité pour la pensée de maintenir

(1) *Théodicée*, leç. iii et iv.
(2) *Ibid.*, leç. v.

son identité, quand elle s'applique à des objets qui se situent dans l'espace et se succèdent dans le temps.

Mais si les lois mécaniques n'exigent pas un Dieu personnel, en est-il de même de l'ordre du monde ? Dès qu'il y a une fin, n'y a-t-il pas une intelligence et une volonté distinctes du bien qu'elles poursuivent ? Si l'on regarde le monde du dehors à la façon de Fénelon, rien ne prouve la finalité. L'oiseau vole-t-il parce qu'il a des ailes ? A-t-il des ailes pour voler ? Question que ne peut trancher l'expérience, parce que l'apparition d'un organe dépend d'un concours de mouvements soumis aux lois du mécanisme. Nous affirmons la finalité parce qu'elle est une exigence de la pensée, parce que nous la posons en tant que raison universelle se donnant un objet. Mais de ce que l'homme n'obtient une fin qu'en disposant avec réflexion les moyens propres à la réaliser, peut-on conclure que la nature suit nécessairement cette voie lente et détournée ? L'univers est-il une vaste horloge dont Dieu est l'horloger, selon la conception de Voltaire ? Déjà, dans l'art humain, la nature précède l'entendement, la conception inconsciente et spontanée l'exécution lente et réfléchie. Dans le monde, l'art n'est plus qu'inspiration, la nature fait tout sans effort, du dedans, comme saisie d'un pressentiment mystérieux, soulevée par un vague désir, guidée par un instinct infaillible. L'art est intérieur à l'œuvre, le type immanent à l'être détermine son évolution. Dieu ne perd rien à n'être pas un individu, une personne finie, conçue à notre image. « Il vaut mieux être la vérité que d'être quelqu'un qui du dehors n'en voit qu'une partie. La personnalité se constitue quand une goutte de l'intelligence qui est

dans les choses s'en détache et forme un petit miroir
qui la réfléchit. On ne peut pas dire moi dans deux
pensées simultanées ; le moi est comme une pointe
de compas qui ne peut être fixée en plusieurs points
à la fois (1). » L'infini implique l'impersonnel. L'hypothèse d'un Dieu à l'image de l'homme n'est pas
même en accord avec les faits pour lesquels elle est
imaginée ; elle n'explique ni l'ordre ni les désordres
du monde, où la multiplicité et l'entrecroisement
des fins produisent la souffrance et la destruction.
Dans nos œuvres d'art, si nombreux que soient les
moyens, ils sont concertés en vue d'une fin unique :
notre volonté ne se brise pas en fins multiples qui
s'opposent, nous sacrifions tout ce qui répugne à
l'unité du bien poursuivi, et la richesse des détails
ne nous plaît que dans l'unité d'une harmonie profonde qui les concentre. L'art impersonnel de la
nature n'a ni ces scrupules, ni ces limites ; il ne tend
pas sans cesse à se ramener en un point, il va à l'infini en tous sens. « L'univers est une unité mystérieuse dans une pluralité sans bornes. La nature
s'intéresse à tout à la fois : elle veut la conservation
du mouton en tant qu'elle s'intéresse au mouton et

(1) *Théodicée*, leç. vii : « Imaginez une vérité mathématique
toute seule, les astres décrivant des ellipses savantes sans avoir
un moi, sans se distinguer de leur œuvre, sans être libres de
dévier : c'est la nature pensante et pensée à la fois, c'est une
volonté identique à son œuvre... Voyez les animaux, fourmis,
abeilles... les abeilles à sexe, c'est la fleur ; les abeilles sans sexe,
c'est la tige et la feuille, et les abeilles mâles sont enchaînées
autour de l'abeille femelle, comme dans une fleur les organes
mâles autour de l'organe femelle. Cet entendement identique à
la chose vraie, cette volonté identique à la chose voulue, c'est
la nature. »

que le loup mange le mouton en tant qu'elle s'intéresse au loup. Il n'y a pas un artiste, une providence,
il y a autant d'artistes, autant de providences qu'il
y a d'œuvres (1). » L'entendement identique à la
chose vraie, le sujet devenu objet, la volonté identique
à la chose voulue, la pensée perdue et manifestée
dans une idée extérieure à elle, c'est la nature.

Toutes les preuves que nous avons données jusqu'ici établissent l'existence d'un esprit universel
liant toutes choses selon les lois des causes efficientes
et des causes finales, principe de vérité et providence
impersonnelle. Mais rien n'est prouvé ni pour ni
contre l'existence d'un être parfait coexistant dans
un rapport quelconque à l'univers. Si Dieu se distingue du monde par la perfection, c'est de l'idée de
perfection que doivent être tirées les preuves de son
existence. Mais l'idée du parfait n'est-elle pas vague,
confuse, indéterminée, faite d'éléments hétérogènes
et contradictoires ? Avant de se demander s'il existe,
il faut préciser et purifier l'idée de l'Être parfait.
Notre existence comprend deux éléments, le sujet
et l'objet, ce qui pense et ce qui est pensé, le moi
et l'ensemble des sensations. Cela étant, on peut concevoir l'existence sous deux formes. La première
est donnée par l'expérience ; l'unité de la pensée est
réalisée dans une multiplicité indéfinie, c'est une existence imparfaite, les deux éléments qui la constituent
s'opposent et se contrarient. On peut concevoir une
autre forme d'existence : faites abstraction des
formes de l'espace et du temps, l'esprit n'a plus en
face de lui qu'un seul objet, qui épuise sa puissance

(1) *Théodicée*, leç. vii.

de penser. Le sensible ne disparaît pas : c'est le réel
de l'existence.; mais il n'en reste que l'intensité infinie, concentrée en un seul instant. qui est l'Éternel.
Il n'y a plus unité dans le sujet, multiplicité dans
l'objet; l'objet est adéquat au sujet. Ce mode d'existence est celui de Dieu, c'est la perfection même.
Mais Dieu existe-t-il ? Tout ce que notre conscience
peut nous donner, c'est l'idée d'une existence supérieure à la nôtre; nous ne pouvons savoir si ce qui
est hors de nous est ou n'est pas. Sans doute nous
n'entendons l'imparfait que comme déchu du parfait;
mais cela revient seulement à dire que la pensée tend
vers l'intuition pure, la sensibilité vers la béatitude.
Est-ce à dire qu'à cette tendance réponde un objet
réel, actuel ? L'élan intérieur vers la perfection n'est
pas l'intuition du parfait. La question reste sans
réponse. L'athéisme panthéiste nie le parfait sans
plus de raison. « La perfection et l'existence s'ex-
cluent, dit-on. C'est une pétition de principe; on ne
le prouve qu'en affirmant gratuitement que toute
existence suppose les conditions de l'espace et du
temps (1). » Qui sait si l'existence dont nous avons
conscience maintenant n'est pas une illusion d'optique, si elle n'est pas à l'existence véritable ce qu'est
le rayon réfracté au rayon direct ?

Si l'on ne veut qu'établir l'existence d'un esprit
universel, toutes les preuves sont bonnes, car nous
ne comprenons que ce qui est rattaché à la pensée.
Mais Dieu, ce n'est pas seulement la pensée, c'est
la pensée distincte de la nature, ayant une conscience d'elle-même qui n'est pas notre conscience

(1) *Théodicée*, leç. VIII.

actuelle. Nous ne cherchons pas un Dieu individuel existant hors de nous, mais nous voulons un Dieu qui, la nature ôtée, ne soit pas une abstraction, un Dieu qui soit à la fois en nous et au-dessus de nous, un Dieu dont l'homme ne soit pas la réalité, mais qui soit la réalité de l'homme. C'est à ce Dieu que nous a conduit la réflexion sur notre nature et sur notre destinée. Prenant une conscience de plus en plus pure d'elle-même par la science et par l'art, la pensée se reconnaît comme la seule existence véritable, se prend pour fin, se veut elle-même et conçoit un acte éternel qui épuise tout l'Etre. Devant ce bien absolu, tous les biens sensibles s'anéantissent : de là l'impératif catégorique, le devoir de réaliser au moins par des symboles la liberté, de vouloir et d'espérer la perfection. « Dieu serait cet acte parfait s'accomplissant avec conscience et devenant la félicité absolue. » Mais ce Dieu existe-t-il ? la perfection est-elle réelle ? Qu'est-ce qui est ? le monde idéal ou le monde sensible ? Toujours la même question se pose, toujours le même doute se soulève. L'acte moral consiste à affirmer sans preuves que le monde idéal est ce qui est; il résout le problème en le supposant résolu. La bonne volonté est déjà par elle-même une croyance religieuse : nous devons vouloir quelque chose que nous ne pouvons accomplir ici-bas, nous devons symboliser par la charité l'union des âmes en Dieu dans la vie surnaturelle. L'acte moral nie la réalité du monde sensible, de l'homme qui est la conscience de ce monde, « affirme pratiquement l'existence d'un être en dehors de notre conscience actuelle. Nous concevons la perfection, et nous avons conscience de notre existence dans le temps. De ces deux choses, l'une seulement est la réalité, laquelle ? La foi est affaire de volonté ; nous pouvons non savoir que Dieu est, mais vouloir que Dieu soit. Peut-être est-ce l'épreuve qui nous est imposée en ce monde ? Nous devons décider que l'idéal est plus réel que le réel : καλος κινδυνος. Le cœur a ses raisons que la raison ne comprend pas, dit Pascal, *sursum corda :* le supérieur deviendra plus réel que l'inférieur (1) » ; on ne doute pas de ce qu'on voit, de ce qu'on veut, de ce qu'on aime, de ce dont on éprouve la réalité en la créant déjà en soi-même.

La croyance en Dieu n'est pas seulement supposée, elle est imposée par le devoir. Le devoir c'est de vouloir, c'est d'aimer la perfection. S'il dépend de nous d'imiter par des symboles l'existence intelligible, il ne dépend pas de nous de faire tomber les voiles de l'espace et du temps, de nous transporter dans l'éternel, d'échanger notre état naturel et sensible contre un état surnaturel et suprasensible. De plus, la nature, comme menacée par la vertu, résiste, souffre, se révolte, s'indigne, et l'acte le plus parfait qui devrait donner la béatitude est l'acte le plus pénible, le plus difficile, le plus douloureux. Si ce qui est obligatoire est impossible, la vie est absurde ; notre effort pour rendre tout intelligible finit sur une contradiction monstrueuse. Puisque nous ne pouvons faire tout ce que nous devons, anéantir la nature et trouver la béatitude dans le souverain bien, il reste d'admettre un principe sauveur, un principe de rédemption, de sanctification. L'homme peut être fier des progrès qu'il accomplit par son intelligence et par

(1) *Théodicée,* leç. ıx.

son activité ; le sentiment qui convient ici, c'est
l'humilité, c'est le détachement complet de soi-même,
c'est le mépris de l'homme impuissant et déchu, c'est
la confiance dans le Dieu qui consomme l'œuvre du
salut, fait de la vertu la sainteté, de l'effort la béatitude. « Comme, nous fondant sur l'expérience, nous
devons croire à une nature bienveillante, qui continue de rendre possible la vie physique, qui fera
germer demain le blé que nous semons aujourd'hui ;
sur la foi du devoir, nous devons croire, pour que
puisse advenir le règne de la Liberté, à une *surnature*,
à un principe de sanctification, de béatification, agis-
sant à la façon de la nature (1) », faisant lever dans
l'éternel la semence du bien que nous jetons ici-bas.

Est-ce à dire que nous posions hors de nous un
individu tout-puissant, un *Deus ex machina* chargé
du dénouement qui nous embarrasse ? C'est parce
qu'en nous se retrouvent la nature, l'homme et Dieu,
que nous pouvons sacrifier la nature et l'homme à
Dieu. C'est la conscience au moins indirecte que nous
prenons par la vie divine du Dieu, substance de notre
être, de la pensée, seule réalité véritable, qui fait de
l'acte de foi moral l'acte le plus raisonnable, l'acte
qui seul épuise la raison tout entière (2). Dieu est
en nous et nous sommes en lui, *in eo vivimus, movemur
et sumus* ; le rédempteur, l'auteur du salut, c'est

(1) *Théodicée*, leç. ix.

(2) *Cours de logique*, leç. xviii : De l'idéalisme. — « Les idéa-
listes répondent : bien loin de prétendre que Dieu n'est qu'une
idée, nous affirmons que Dieu est la réalité de l'esprit lui-même.
C'est l'action même de penser, affranchie de toute imperfection,
concentrée dans un acte unique d'intuition. Nous saisissons au
fond de nous-même l'existence d'un tel acte. Dieu est donc une
réalité, et non une simple idée, dont la réalisation hors de notre

l'Homme idéal, l'Homme saint, à la fois Dieu et
homme, ou mieux c'est Dieu dégagé des illusions
qui en nous le dérobent à lui-même. Déchirez les
voiles de l'espace et du temps, il reste Dieu, l'être en
qui s'accomplit l'unité de tout le réel, que les formes
de la sensibilité dispersent pour nous en sensations
multiples. La foi morale, c'est la conviction que le
mode d'existence auquel nous sommes réduits n'est
pas le vrai, c'est l'espérance, c'est la volonté d'être
Dieu, volonté qui suppose que Dieu est déjà, puisque
c'est exactement la même chose de devoir être ou
d'être pour un être éternel. La forme actuelle de la
conscience abolie, Dieu sera. Une existence ne peut
être qu'un objet d'expérience : l'expérience de Dieu
nous manque ; voilà pourquoi spéculativement il n'y
a point de certitude. Nous y suppléons par un acte
de foi infiniment raisonnable, par un acte d'audace
de la raison qui dit : « Cela est bon, cela doit être, cela
seul me satisfait, donc cela est (1). » Approfondissez
cette hardiesse, vous y trouverez cette simple vérité :
l'Être est. La foi morale, c'est la foi de la raison en
elle-même ; foi, raison, les deux termes s'identifient.
Tout se tient : la dialectique ne rend tout intelligible
qu'en montrant que tout dépend de la pensée et que
la pensée ne dépend de rien, étant l'Être dont tout
n'est que le phénomène ; sacrifier l'illusion au réel,
tout ce qui apparaît à la pensée, c'est la morale même,
terme et conclusion de la dialectique ; mais la morale
à son tour implique la croyance au parfait, n'a de

esprit serait au moins problématique. Les dogmatiques font,
au contraire, de Dieu, une sorte d'individu, situé quelque part
dans l'espace. »

(1) *Théodicée*, leç. x.

sens que par cette croyance, à laquelle se trouvent ainsi suspendues l'existence du monde et la conscience de l'humanité.

S'il en est ainsi, les devoirs envers Dieu sont une partie intégrante de la moralité, car ils se ramènent essentiellement à maintenir, contre tous les démentis apparents, que le bien, dont le devoir nous impose la volonté, n'est pas une illusion. « La religion consiste à demander à quelque chose qui n'est pas nous-mêmes et dont nous n'avons aucune idée spéculative, la consommation de notre moralité. » On n'adore ni le Dieu des mathématiques, ni même le Dieu de la nature (finalité) ; on adore la perfection, la moralité consommée, l'homme idéal, élevé à l'état de sainteté. Seule la **prière** morale est religieuse ; nous devons demander la moralité, la délivrance de la tentation, des circonstances aussi favorables que possible à l'accomplissement du devoir. La prière est une demande, la charité est un effort, un pressentiment et une anticipation de l'au-delà. La charité est religieuse parce qu'elle s'adresse à Dieu dans l'homme, parce qu'elle ne veut que symboliser dans les rapports des hommes entre eux le pur amour de l'âme pour l'âme. « Dans la charité, la ruine de la nature nous rend heureux, parce qu'elle nous rapproche de l'état surnaturel : ce sont deux choses très différentes de développer des facultés en les aimant ou en les méprisant intérieurement, et avec la conscience de jouer une espèce de comédie ; d'aimer l'homme pour l'homme ou de l'aimer d'un amour impersonnel, pour Dieu présent en lui (1). »

(1) *Cours de morale*, leç. **xvi** . De la religion morale. — *Bulle-*

Nous sommes au terme, nous avons déterminé
tout à la fois les principes de la science et de l'existence, saisis dans leurs rapports le monde, l'homme
et Dieu. Le rapport du réel dispersé au réel concentré,
c'est le rapport du monde à Dieu, c'est la création.
Le monde, c'est la pensée manifestée sous les formes
de l'espace et du temps, adaptant ses lois à ces formes.
L'homme, c'est la conscience de ce monde, la conscience de la pensée devenue la nature : du rapport
du monde à la pensée dans la conscience humaine,
résulte la possibilité de toutes les sciences. Approfondir sa conscience, retrouver le divin qui est en
elle, s'y attacher de toutes ses forces, voilà la destinée
de l'homme. Pourquoi le monde ? Pourquoi l'homme ?
C'est la même question sous deux formes, question
insoluble qui fait que l'effort pour tout rendre intelligible s'en va finir à cette suprême ignorance, d'où
dérive toute notre science. La dernière explication
est un mystère. Le Dieu transcendant a créé le Dieu
immanent, Dieu s'est fait nature ; le monde, c'est
l'état de déchéance de Dieu : de là le mal moral, le
mal physique, conséquence du mal métaphysique.
Mais le Dieu transcendant est encore tout entier dans
le Dieu immanent ; l'illusion n'est pas incurable :

*tin de la Société française de philosophie*, mars 1913 : « L'état de
conscience qui seul peut, selon moi, être proprement appelé
religieux, est l'état d'un esprit qui se veut et se sent supérieur
à toute réalité sensible, qui s'efforce librement vers un idéal de
pureté et de spiritualité absolues, radicalement hétérogènes à
tout ce qui, en lui, vient de la nature et constitue sa nature...
Je crois que la religion consiste, pour l'âme qui en est capable,
dans un effort individuel et solitaire pour s'affranchir et se
déprendre de tout ce qui n'est pas elle, et de tout ce qui, en elle,
n'est pas sa liberté même. »

LACHELIER.                                    10

à côté du mal il y a le remède, au-dessus de la nature il y a la moralité. Si nous ignorons comment se pose le problème de la vie présente, nous savons du moins comment il doit être résolu : que le Dieu immanent se sacrifie au Dieu transcendant, que s'évanouisse l'illusion décevante du monde, que tous les rayons dispersés, brisés, remontent, se redressent, et de nouveau se concentrent dans la splendeur éternelle de l'unité divine.

# CHAPITRE VII



## I

Nous pouvons embrasser dans son ensemble
l'œuvre de Lachelier. Rendre tout intelligible, voilà
le problème philosophique dans toute son étendue
et dans toute sa simplicité. Il n'est résolu qu'au
moment où, la raison se retrouvant partout elle-
même, n'a plus rien à conquérir. Il faut démontrer
les principes, disent les sceptiques ; ils ont raison.
Mais ils ajoutent que, le problème étant contradictoire, est insoluble, et ils ont tort. La philosophie
est la science des principes ; elle n'a pas seulement à
les proclamer, mais à les établir. Déterminer les lois
des choses et les lois de la pensée ; en montrant leur
identité, justifier la science, ses principes et ses méthodes ; par l'étude de l'esprit, de ses rapports avec
le monde et avec Dieu, assurer la vie spéculative et
la vie pratique et, dans cette œuvre multiple, rester
d'accord avec soi-même, concentrer toutes les vérités partielles dans une vérité lumineuse qui les

résume et les comprenne : tel est le plan, telles sont les conditions de l'œuvre.

Reste à l'exécuter. S'il n'y a que des phénomènes, il n'y a que des accidents ; tout peut être et ne pas être ; ni science, ni monde, ni esprit ; rien à dire, rien à faire. Si derrière les phénomènes on place la substance, comme on n'atteint que les phénomènes, on ne peut rien dire de la substance; on n'échappe pas au nihilisme empirique. La pensée ne pouvant sortir d'elle-même, il n'y a qu'une méthode qui réponde au problème posé : c'est la méthode de réflexion. Si l'œuvre de la philosophie est de tout rendre intelligible, la philosophie, c'est la pensée se développant elle-même, tirant de soi les éléments et les lois du monde, toute la science, et ramenée ainsi de l'objet au sujet, des effets à la cause, en se reconnaissant comme le principe de toute réalité.

Avec l'espace et le temps, conditions de la diversité, la pensée trouve d'abord en elle les mathématiques et leur méthode. En ramenant cette diversité à l'unité de la conscience, elle pose la loi des causes efficientes, puis la loi des causes finales ; elle fait le monde intelligible et réel, elle donne aux sciences physiques une méthode et la certitude. Au terme de cette marche dialectique, ayant fait sortir d'elle-même par l'analyse le monde et ses lois, la réalité et la science, elle se reconnaît comme le principe qui pose, qui affirme, qui crée, dont tout dépend, qui ne dépend de rien. La pensée est tout ce qui est, voilà la vérité d'où tout part, où tout revient, la vérité féconde, que toute vérité confirme, parce que toute vérité n'en est qu'une traduction ou un corollaire. C'est l'âme du système dont tous les termes s'impliquent.

Par cela qu'elle s'est saisie dans ses vrais rapports avec l'objet, la pensée peu à peu s'en dégage et s'en détache. Elle a créé le monde, elle sait ce qu'il est et ce qu'il vaut. Elle ne veut plus, elle n'aime plus qu'elle-même. Ne pouvant faire tomber les voiles de l'espace et du temps, elle imite du moins, autant qu'elle le peut ici-bas, le monde supra-sensible par des symboles ; ne pouvant anéantir le monde, elle y représente l'unité des âmes en Dieu par la charité ; ne pouvant avoir l'expérience de la vie surnaturelle, de l'absolu, elle affirme l'existence de Dieu par un acte de foi qui est l'acte de raison par excellence, et elle résume toute la vie spéculative, toute la vie pratique dans cette formule : *L'Etre est.*

L'Etre est, proposition évidente et incertaine. L'Etre est, Dieu existe, donc le ciel et la terre disparaîtront, donc l'illusion qui cache l'être à lui-même, qui le brise et le disperse, cessera ; donc tout ce qui apparaît, tout ce qui n'est pas, s'étant dissipé, de nouveau brillera l'éternelle splendeur de la pensée. L'Etre est, l'idéal seul est réel, voilà le terme de la philosophie, la proposition que tout rend évidente et qui reste douteuse. Incertitude nécessaire, qui donne un sens à la vie et le mérite à la vertu. Incertitude qui rend tout incertain en menaçant de tout faire inintelligible. Incertitude qui cesse par l'acte moral, par la pratique du bien. « Si l'idéal n'était pas le seul réel, la vie serait une mystification. » La vie présente ne prend un sens que par l'humilité, par la douceur, par le renoncement et par la charité. « La décadence commence quand on demande trop à la vie présente ; notre condition, c'est le travail. Quand l'homme se considère comme une bête de somme, il ne fait pas de sottises. Le débauché paresseux et philosophe sent son grand seigneur. Dans un végétal, dans une ruche, la masse est neutre. Au-dessus il y a une toute petite aristocratie qui ne fait rien pendant que le reste travaille. Primitivement, l'humanité est ainsi. Bientôt tous veulent être fleurs, reines ou fourmis ailées, tous être grands seigneurs, tous ne rien faire. Illusion ! La félicité n'est pas de ce monde. Rien de ce qui peut être possédé ici-bas ne vaut la peine d'être aimé ; rien de ce qui peut être aimé ne vaut la peine d'être possédé... Ou la béatitude est possible, ou la vie, et la vertu n'ont pas de sens. L'ordre suprême de la raison, ce qu'elle exige, ce qu'elle impose, ce qui seul l'exprime tout entière, c'est le renoncement à soi-même, la charité, la vie en Dieu (1). »

(1) *Morale*, leç. xviii. « La fin de l'homme et de la société n'est ni l'industrie, ni la poésie, mais la justice et la charité ; ou plutôt la fin de l'homme et celle de la société ne sont pas ici-bas, et la justice et la charité elles-mêmes ne sont que des moyens par lesquels nous nous préparons à réaliser notre véritable nature dans la cité, dont les nôtres ne sont que l'image. Oublier cette destination supérieure, ou seulement en faire abstraction et chercher à organiser les sociétés en vue de la production et de la consommation, ce n'est pas seulement rabaisser *énormément*, comme dirait Renan, la condition humaine, mais c'est aller contre le but qu'on se propose et détruire ce qu'on édifie : car la production et la consommation ne sont possibles que par la justice, et la justice elle-même ne subsiste pas longtemps en ce monde sans la charité. L'homme ne peut rester lui-même, qu'en travaillant sans cesse à s'élever au-dessus de lui-même, et « un seul soupir vers le futur et le meilleur » est plus efficace même pour notre bien-être en ce monde que les plus rapides traversées de vos *transatlantiques* et de vos *cotonniers*. » (Lettre à M. Espinas.)

Ceux qui ont raison, ce sont ceux qui ont estimé, aimé ce qui seul vaut l'estime et l'amour ; ce sont ceux qui, réveillés de toute illusion, ont pris conscience de Dieu par la charité. C'est Parménide, qui *aux choses de l'opinion* (τα προς δοξαν) oppose les choses de la vérité (τα προς αληθειαν) et contre toutes les apparences maintient l'unité inaltérable de l'Etre. C'est Platon, qui, des ombres de la caverne, s'élève à la pure lumière de l'idée et, dans les ombres mêmes, finit par ne voir qu'un obscurcissement, qu'une déformation de la lumière éternelle. C'est Pyrrhon, le disciple grec des bouddhistes de l'Inde, qui anéantit le monde sensible par son mépris et son indifférence. Pascal reprend le pyrrhonisme ; il entrevoit la doctrine de Kant ; il pose le problème de la destinée comme un pari, comme un choix entre ce qui semble le réel et l'idéal ; il reconnaît que la certitude morale se mérite par la pratique de la vertu. Mais son mépris pour la pensée l'égare ; il s'agite dans le pressentiment de la vérité sans en trouver la formule ; il oppose la raison et la foi, il met un abîme entre les choses et l'esprit, entre l'esprit et la charité. « La distance infinie des corps aux esprits figure la distance infiniment plus infinie des esprits à la charité ; car elle est surnaturelle. » La foi n'est pas le désespoir de la raison. Tout se tient. Le corps ne se comprend que par l'esprit, l'esprit ne s'entend que par la charité. La foi, c'est la raison s'exprimant tout entière dans la vérité suprême qui fait tout intelligible. Un théorème de géométrie, une loi physique prouve la charité, en dépend. C'est à Kant qu'il appartenait, par sa théorie de l'espace et du temps, de rattacher toutes choses à la pensée. Condamné à traverser le prisme des formes *a priori* de la sensibilité l'esprit devient le monde et ses lois ; se recueillant, ramenant en soi ses rayons réfractés, il devient la raison pratique, le devoir, la liberté, l'absolu. Mais au-dessus des penseurs qui plus ou moins péniblement s'efforcent de démontrer à l'homme ce dont il devrait trouver en lui la conscience immédiate, au-dessus de tous les subtils qui cherchent à prendre l'esprit dans des raisonnements irréfutables, s'élève Jésus, l'humble Galiléen, l'ami des pauvres. Né chez les alchimistes, qui dans la combinaison de leurs vertus et de leurs vices ont trouvé la pierre philosophale, il n'a même pas entendu le Satan juif, le démon de la cupidité, qui lui offrait la richesse et l'empire du monde. Jésus est vraiment Dieu, parce que de l'homme il n'a laissé en lui que Dieu qui est en tout homme ; parce qu'il a senti, éprouvé l'absolu ; parce qu'il a voulu souffrir, mourir pour tous ; parce qu'il est plus qu'un homme, l'homme même ; parce qu'il a dit : « Le pauvre que vous avez secouru, c'était moi. » Il est vraiment le Sauveur, le Rédempteur, parce qu'il a donné à tous dans son exemple, dans sa vie, dans sa mort le moyen pratique de devenir Dieu comme lui, par l'adoration spirituelle, par la prière et par la charité.

On a dit de cette philosophie qu'elle est « une crise » ; le mot n'est pas juste. Au milieu de ses sinuosités, la pensée coule large et continue. La vérité, dont tout dérive, n'est pas imposée par un coup d'autorité, elle est un acte de foi, mais qui, loin de contredire la raison, est appelé par elle et l'achève. Si l'on tient à comparer Lachelier à Pascal, il fait imaginer un Pascal épris de la raison, sûr de lui-même et de ses conclusions, une crise toute logique, tout intellectuelle, une lutte d'idées dans un puissant esprit, où les inquiétudes morales, les angoisses, inséparables de la recherche de la vérité, deviennent les subtilités d'une dialectique qui veut répondre à toutes les exigences de la raison. C'est la continuité des vérités impliquées l'une dans l'autre qui fait la séduction du système. Nous gardons la science, ses méthodes, ses principes, toute la vie spéculative, toute la vie pratique, le nécessaire, l'absolu : on ne croit pas payer tout cela trop cher d'un acte de foi sans lequel tout semble de nouveau perdu. Le renoncement, qui d'abord révolte la nature, n'est pas sans douceur. Ce monde qui nous tente et nous indigne ; toutes ces distinctions blessantes, que multiplie la vanité ; tous ces biens, pour lesquels on lutte jusqu'au crime, illusions et chimères ! Rien n'est vrai, rien n'est réel que le bien, que la vertu, que la charité, qui du plus humble des hommes fait un dieu. En se dégageant de tout égoïsme, l'amour se purifie. La joie même, en se voilant de mélancolie, devient plus délicate. Tous les sentiments semblent se pénétrer de tendresse, n'être plus que les nuances d'une immense pitié. Le monde n'étant que la pensée qui se voit elle-même à travers les formes décevantes de l'espace et du temps, nous n'avons pas à lui demander ce que nous devons croire, ce que nous pouvons espérer. Il n'y a pas en face de l'esprit une réalité hostile ou indifférente, il n'y a qu'un mirage en lui qui le révèle et le cache à lui-même et qui dissipé le rendrait à sa nature première.

Lachelier a eu cette bonne fortune, que rêvait un jour Renan, d'exercer une action profonde, décisive sur tous ceux qui l'ont entendu, et de ne pas compter peut-être un seul disciple, au sens étroit du mot. Il a émancipé les esprits ; il les a délivrés des idées toutes faites, dont l'apparente clarté s'évanouit dès qu'on insiste sur elles ; il les a pénétrés de cette vérité que la philosophie commence par le doute méthodique, qu'elle consiste non pas à constater et à célébrer les dogmes du sens commun, mais à en chercher le principe dans les lois de l'esprit et à en fixer le sens et la valeur relative. Mais sa philosophie, dédaigneuse des choses de la terre, inconciliable avec l'idée du progrès, tout éprise de l'éternel, ne répondait pas aux espérances légitimes des hommes qui, dans la dissolution des croyances établies, rêvent une foi nouvelle, la foi d'une société démocratique, active, ambitieuse, croyant à l'efficacité de l'effort, attendant tout de l'avenir et réclamant impérieusement le règne de la justice. Sans doute les devoirs d'abstention, les sacrifices sont rendus faciles par une philosophie qui réduit le monde à un jeu d'illusions. En est-il de même des devoirs d'action ? Le monde est « une mauvaise plaisanterie » ; à quoi bon se donner tant de peine pour si peu de chose ? Le vrai sage n'est-il pas celui qui n'a plus d'intérêt en ce monde ? La charité corrige en une certaine mesure le danger de l'ascétisme, et peut-être n'y a-t-il pas lieu de redouter l'excès du détachement des biens sensibles ? Mais la société idéale n'en serait pas moins une communauté de moines indifférents aux choses d'ici-bas, vivant déjà d'une vie toute spirituelle, sanctifiée par la résignation et par la charité. L'humanité en est à un autre idéal, à un idéal de progrès par le travail, de liberté, de justice, de fraternité égalitaire ; c'est dans l'espace et dans le temps, c'est

dans la société présente qu'elle voudrait réaliser
l'ordre moral, et ce n'est pas par suite dans la contemplation solitaire, c'est dans l'action concertée des
hommes qu'elle met son espérance Mais la philosophie, pour Lachelier, n'a pas à systématiser les connaissances, les opinions et les préjugés d'une époque,
son œuvre est plus haute ; selon la pensée de Platon,
elle ne nous rend pas plus aptes à l'action sur les
choses et sur les hommes, bien plutôt elle nous en
désintéresse ; elle a pour objet propre la vérité, qui
nous met hors du temps, parce qu'elle est éternelle.
Il faut examiner la doctrine en elle-même et s'y tenir,
si vraiment elle rend tout intelligible.


## II


Si la hardiesse et la simplicité de la méthode, l'ad-
mirable précision des formules, l'enchaînement systématique des idées et l'effort même qu'en exige
l'intelligence font qu'on est comme entraîné par la
marche dialectique de cette pensée subtile et profonde, au terme, quand on revient sur le chemin par-
couru, ne se heurte-t-on pas à des difficultés dont
on ne réussit plus à sortir ? La construction *a priori*
des trois puissances de l'être, que Lachelier tente dans
*Psychologie et métaphysique*, nous permet-elle d'entendre chacune de ces puissances et surtout leur rapport ? Je néglige la déduction des formes de la sensibilité, qui se réduit à des métaphores ingénieuses,
dont on ne voit nullement ce qui les justifie, en les
rendant nécessaires. Indissolublement liée à la pensée, l'idée de vérité conduit logiquement à la néces-

sité, au déterminisme, à l'être abstrait, qui n'est encore que la forme de l'être, « un temps vide sous la figure d'une ligne imaginaire ». Comment se représenter cet abstrait antérieur au concret, qui n'est l'abstrait de rien, cette existence du possible ? On dira que précisément la pensée pose d'abord le possible, la loi, ce qui permettra l'abstraction scientifique, ce qui rendra l'objet intelligible. Mais concevons-nous une pensée sans conscience, dont toute la réalité consiste dans une loi, dans une forme, idée qui a tous les caractères d'une chose. Sans doute le mot de l'énigme sera donné par la science et par le mécanisme qui la fonde, mais chaque puissance de l'être peut être considérée et doit être comprise en elle-même, puisque rien ne contraint la pensée à s'élever au-dessus d'elle.

La seconde puissance de l'être nous met en présence d'une difficulté nouvelle et plus grave encore. Que la pensée pose des formes, des lois *a priori*, où elle exprime ses exigences et se donne comme les conditions de son existence, nous pouvons l'admettre. Rien ne s'oppose donc à ce qu'à la loi des causes efficientes elle ajoute, comme son complément, la loi des causes finales. Mais cette loi, comme loi de la pensée, se borne à imprimer au mouvement une direction, à substituer à la ligne droite des lignes circulaires et concentriques, à maintenir et à reproduire certains mouvements. Qu'est-ce qui nous autorise à dire que par là la pensée remplit la forme d'un contenu, ajoute à l'être extensif l'être intensif, qui est le réel et le concret ? Les mécanistes croient trouver dans le mouvement, qui, en tout cas et par essence, a une direction, tout ce dont la pensée a

besoin pour expliquer le monde. L'intensité qui fait
le réel, qui nous donne la nature, ne peut être l'œuvre
de la pensée, parce qu'en elle-même elle n'a rien d'intelligible. Ce qu'il y a d'intelligible, c'est la loi des
causes finales, le concert des mouvements ; l'intensité
est, si j'ose dire, quelque chose d'opaque ; si elle est
dans la pensée, ce ne peut être que comme une nature, et, dans ce cas, la pensée ne peut poser par un
premier acte un être purement formel, entièrement
vide. En un mot, ou la pensée est, dès le principe et
dans toutes ses manifestations, un être intensif, déjà
une nature, ou il n'est pas possible qu'à un second
moment elle pose ce qui est d'un autre ordre qu'elle.

La pensée semble ainsi tour à tour prise en deux
sens, qui ne se laissent point identifier : elle est
d'abord, au sens ordinaire du mot, le pouvoir de
connaître, le monde est son objet, ce qu'elle représente ; d'autre part, elle est l'objet comme le sujet,
ce qui est connu comme ce qui connaît, et, de ce
point de vue, elle devient intensité, vie, nature. Mais
comment concevoir le passage de l'être abstrait à
l'être concret, de la pensée à son contenu, de la pensée
qui représente et crée les cadres de la représentation,
espace, temps, causalité, à la pensée qui se pousse
en quelque façon dans ces cadres et les remplit de
réalité ? Le sentiment de cette difficulté sans doute
amenait Lachelier, dans ses cours (1), à faire reposer
le mécanisme sur l'intelligence, la finalité sur la sensibilité, rattachant la double loi primordiale à la
double exigence de notre nature spirituelle. L'intel-

---

(1) *Cours de logique,* leç. vii : *De l'analogie* ; *Cours de psychologie,* leç. xix : *Du raisonnement.*

ligence ne demande rien de plus qu'un ordre abstrait, elle se satisferait de vérités géométriques, d'une suite de mouvements enchaînés, elle n'exige pas l'existence du monde. Pour comprendre la nécessité d'une nature, « il faut sortir de la sphère de l'intelligence pour entrer dans la sphère de la sensibilité. La sensibilité est intéressée à ce qu'il y ait un certain monde, celui qui est le mieux approprié au bonheur de l'être existant ; elle désire (fin) le monde que l'intelligence réalise (moyen). » Le monde intelligible et le monde sensible, répondant aux deux aspects complémentaires de la vie spirituelle, se supposent l'un l'autre, n'ont de sens et d'existence que l'un par l'autre, ne font par suite qu'un seul et même monde. Le souvenir et le rappel de cette théorie se retrouvent dans le *Fondement de l'induction*, qui la réfute et la dépasse : « Un monde dans lequel le mouvement, sans cesser d'obéir à ses propres lois, ne formerait plus aucun composé ou ne formerait que des composés discordants qui se détruiraient eux-mêmes, ne serait peut-être pas moins conforme que le nôtre aux exigences de la pensée ; mais il serait loin de répondre à celles de notre sensibilité, puisqu'il la laisserait, dans le premier cas, absolument vide et ne lui causerait, dans le second, que des modifications pénibles. On pourrait donc demander pourquoi, tandis que notre faculté de connaître rencontre des objets qui lui sont exactement proportionnés, notre faculté de sentir ne s'exerce pas ou ne s'exerce que d'une manière contraire à sa nature. » Mais Lachelier reconnaît que cet appel à la sensibilité équivaut à un aveu d'impuissance et compromet toute l'économie d'un système, qui se donne pour objet de démontrer

les principes : « Supposer que les choses doivent répondre aux exigences de notre sensibilité, ou que
l'existence de ces mêmes choses n'a pu être déterminée que par notre intérêt, c'est évidemment
prendre pour principe la loi même qu'on se propose
d'établir (1). »

Sans doute l'idéalisme, fondé sur la critique de
toute doctrine qui met en face de l'esprit un objet
qui lui est étranger, doit chercher le principe de la
nature dans la pensée, qui ne la connaît que parce
qu'elle la crée. Mais la question est précisément de
savoir si on réussit à sortir du dualisme, à identifier
la pensée logique et la pensée réelle. Je vois d'une
part les formes et les lois, de l'autre l'intensité infinie, qu'on suppose immanente à la pensée, et qui,
projetée dans ces formes, donne le monde tel qu'il
nous apparaît. Mais quel rapport a cette intensité,
à la prendre en elle-même, avec les formes et les lois ?
Dira-t-on qu'elle est la pensée même et que par suite
elle n'a rien d'une matière hétérogène à ses lois ?
C'est là une affirmation qui n'équivaut pas à la preuve
que cette intensité est par essence intelligible. Dira-
t-on que l'intensité n'est elle-même qu'une représentation, l'idée de l'intensité; mais comment alors
maintenir jusque dans la vie supra-sensible la distinction de la forme et de la matière, la définir par
l'intuition dans un acte unique de toute la réalité
que disperse l'intuition sensible ? Le temps, l'espace,
la causalité ne nous sortent pas de l'abstrait; la loi
des causes finales, en ajoutant la direction au mouvement, nous y laisse, car elle n'ajoute par elle-même

_______

(1) *Fondement de l'induction*, p. 75.

rien de réel au mouvement ; elle nous élève seulement
du pur géométrique à une sorte d'esthétique formelle :
« la force n'est qu'un symbole, comme le mécanisme
lui-même ». De ce biais l'existence du monde n'est
que la connaissance scientifique, des idées en ordre ;
l'intuition éternelle de la vérité dans ce qu'elle a de
toujours identique à elle-même, voilà l'âme et Dieu.
Mais d'un autre biais la pensée est autre chose et
quelque chose de plus ; elle n'est pas seulement l'ensemble des lois *a priori*, ce qui permet la réprésenta-
tion, elle est l'être réel, concret, et à çe titre elle n'est
plus contemplation, elle est action, volonté, plaisir
et peiné, tendance vers un bien positif, effort vers le
mieux ; elle est l'être intensif, toute la réalité, que
disséminent les formes de l'intuition sensible, l'action
qui crée ces formes et les catégories, pour s'y exprimer dans ce qu'elle a d'intelligible. « Au commence-
ment était le Verbe. Effaçons et écrivons : Au com-
mencement était l'action. » (Faust.) Mais nous en re-
venons à dire que, s'il en est ainsi, l'être formel, l'être
vide ne peut être antérieur même logiquement à
l'être concret, car il n'existe et ne peut exister que
par l'action intensive et réelle, qui en lui et par lui
détermine ses modes d'expression.

Si nous avons quelque peine à entendre le rapport
de l'être formel à l'être intensif, il semble que, sur le
rapport de la liberté à la nature, nous nous trouvions
en présence de deux théories qui ne se laissent point
réduire l'une à l'autre. Quand elle a posé l'être extensif et l'être intensif, la pensée, d'un nouvel élan,
s'élève à la troisième puissance de l'être, à la liberté
absolue, à « la pure action intellectuelle, par laquelle
elle les voit être et les fait être » ; elle devient la ré-

flexion qui la ramène à elle-même comme au principe des choses. C'est la pensée même, c'est l'absolu qui, en nous, par la dialectique progressive, retrouve et discerne les déterminations intemporelles, par lesquelles elle s'est réalisée elle-même, en se donnant un objet. Dès lors, pour se savoir, pour se reconnaître dans sa vérité et dans son essence, la pensée, doit accomplir le progrès dialectique, dont elle discerne les moments dans notre conscience réfléchie. Lachelier semble souvent l'admettre : « Une lumière qui ne se réfléchit sur rien est invisible, une pensée qui ne pense rien est quelque chose, mais ce n'est pas une réalité (1). » Si la pensée est l'absolu, si elle est ce qui est, le principe et la cause, et si elle ne se détermine que pour s'élever à la conscience d'elle-même, les trois puissances de l'être s'impliquent par cela même qu'elles se complètent, et ce qu'il y a de contingent dans le passage de l'une à l'autre, loin d'en détruire l'intelligibilité, la dérive de ce qui seul est vraiment intelligible, le bien. La dialectique satisfait la raison parce qu'elle est un progrès, parce qu'elle donne un sens au monde, en ramenant la nécessité physique elle-même à la nécessité morale. Mais, s'il en est ainsi, d'abord la nature ne peut plus être un objet de mépris ; elle est un moment de l'évolution du principe spirituel : c'est en elle qu'il se réalise ; le devoir ne peut plus être de l'humilier, de l'anéantir, mais, en se souvenant qu'elle n'est qu'un symbole, d'y exprimer de plus en plus l'unité de l'esprit par l'harmonie et par la justice. Et, en second

(1) *Cours de théodicée*, leç. viii : **Preuves tirées de l'idée de perfection.**

lieu, si la dialectique est l'expression de la pensée, qui est une, simple, éternelle, n'y-a-t-il pas quelque chose de singulier à supposer une sorte de repentir de l'absolu et à rêver une existence supra-sensible, où toutes les déterminations qui sont ses actes seraient abolies ?

Ainsi, de ce premier point de vue, le système est bien, en même temps qu'une philosophie de la liberté par la place qu'il fait à la contingence, un pur rationalisme. La pensée ne s'élève au-dessus du mécanisme et de la finalité qu'en les posant et parce que d'abord elle les a posés. Si la dialectique est l'action progressive qui rend l'être intelligible, réel, et, au terme, en le révélant à lui-même, lui permet de se saisir dans sa liberté, nous n'avons qu'à prendre notre parti d'un monde que son origine et sa fin justifient et où le mal n'est que la conséquence d'une multiplicité et d'une limitation, sans lesquelles il n'y aurait plus d'objet. Mais à ce rationalisme se surajoute un fidéisme qui, sous prétexte de le couronner, en ruine les fondements. L'être parfait est l'être en qui la matière et la forme sont adéquates, infinies l'une comme l'autre. Plus de multiplicité, plus d'opposition ; toute la réalité, que disperse la sensation, se ramasse, se concentre et devient l'objet d'une intuition unique, principe d'une éternelle béatitude. Or nous devons et nous voulons croire que le parfait existe. Mais cet acte de foi nous est-il encore possible ? La première vérité, que s'efforce d'établir la doctrine et qui la domine, c'est qu'il n'y a pas deux êtres étrangers l'un à l'autre, dont le rapport dans la connaissance resterait inintelligible. Les points de vue sensibles sont multiples, la pensée est

impersonnelle, une, identique à elle-même, intempo-
relle ; comment donc, au sein même de la pensée,
rétablir un dualisme plus étrange que celui par lequel
on l'opposait radicalement à son objet ?

Admettons cependant que le parfait existe, faisons l'acte de foi, disons qu'il est ce qui est. La dialectique, qui pose avec le mécanisme et la finalité le
monde sensible, n'est plus la forme vraie de l'être ;
elle est, au sein de l'être véritable, une illusion qui le
cache, tout au moins ne le laisse apparaître qu'en le
dérobant. Du point de vue rationaliste, la pensée se
détermine pour prendre conscience d'elle-même ; du
point de vue fidéiste pour se perdre et se méconnaître :
si le monde est l'objet nécessaire de la pensée, il n'en
peut être la déchéance. Pourquoi la pensée crée-
t-elle la nature, si ce n'est qu'à la condition de la détruire qu'elle peut restaurer son existence souveraine ?
N'était-il pas plus sage de n'en pas sortir que de
prendre ces voies détournées pour y rentrer ? Si le
parfait existe et s'il descend à ce jeu, le mal n'est
plus la condition du bien, il a quelque chose de radi-
cal, d'absolu et prend un caractère vraiment diabo-
lique. Quel espoir d'ailleurs d'un retour à une vie
supra-sensible qui ne pourrait être qu'éternelle ? On
dira peut-être qu'entre les diverses puissances de
l'être il n'y a pas continuité logique, que de l'une à
l'autre il y a contingence et progrès, qu'au terme la
pensée s'élève au-dessus de tout ce qu'elle a posé et,
comme liberté absolue, se veut elle-même et ne veut
qu'elle-même. Mais n'avons-nous pas vu que, si la
pensée dépasse la nature et la vie, « l'action purement intellectuelle, par laquelle elle les voit être et
les fait être », est une affirmation, un consentement

à son œuvre, qu'elle réfléchit, loin de l'anéantir.

De la pensée absolue, il reste de se tourner vers la pensée telle qu'elle est réalisée dans l'homme, ce qui d'ailleurs n'est point en sortir : c'est, en nous, la raison même, qui appelle la foi comme son complément, pour expliquer et réduire la disproportion qu'elle constate entre elle-même et son objet. « La raison et la liberté débordent manifestement notre conscience actuelle ; elles sont en nous l'idée en partie indéterminée, le cadre à moitié vide, d'une vie spirituelle qui ne se réalise que très imparfaitement dans ce monde et qui pourrait se réaliser beaucoup mieux dans un autre, si, tous les éléments sensibles de la conscience ayant disparu, la matière des actes intellectuels devenait adéquate à leur forme... La question la plus haute de la philosophie, plus religieuse déjà que philosophique, est le passage de l'absolu formel à l'absolu réel et vivant, de l'idée de Dieu à Dieu. Si le syllogisme y échoue, que la foi en courre le risque, que l'argument ontologique cède la place au pari (1). » Que nous ne puissions imaginer cette vie nouvelle, « puisqu'elle exclut, par hypothèse, tout ce qui est actuellement imaginable », nous n'avons garde de le contester. Il n'y a rien dans notre expérience qui nous permette de réaliser l'idée d'une pensée qui se pense elle-même. Mais la foi peut-elle être une exigence de la raison, si elle en est une sorte de contradiction ? Le rationalisme nous a montré dans la pensée absolue une vivante dialectique, dont la raison non seulement reproduit *a priori* les divers mo-

_______

(1) *Du Fondement de l'induction.* Notes sur le pari de Pascal, pp. 196-199.

ments, mais les explique et les justifie. S'il n'y a pas
deux mondes, s'il n'y a, au terme, que la pensée qui
se donne un objet pour se réfléchir en le réfléchissant,
la perfection ne peut plus être ce qui est : la perfection est éternelle et infinie, elle ne laisse rien en dehors
d'elle, et sa déchéance n'est pas seulement inexpli-
cable, au-dessus de la raison, elle est absurde et monstrueuse. Le rationalisme s'efforce de rendre le monde
intelligible en le rattachant à la pensée ; le fidéisme
rend ce monde inintelligible, en réduisant toutes les
déterminations, que la pensée a posées, à des illusions, pour en concentrer tout le réel dans l'unité de
l'intuition supra-sensible. Si la pensée peut se donner
un objet adéquat à elle-même, sa dispersion dans la
multiplicité sensible n'est plus qu'un accident, qui
peut être constaté, qui ne saurait être l'objet d'une
déduction *a priori*.

Ces difficultés mêmes nous éclairent sur les intentions profondes de Lachelier. Comme Kant, il veut
fonder la science sur des principes nécessaires, mais
il veut avant tout sauvegarder la vie morale et religieuse, soustraire au déterminisme phénoménal la
liberté spirituelle. Il ne consent pas à installer la
nécessité logique au cœur des choses. Le mouvement
dialectique, qui conduit la pensée du mécanisme à la
réflexion, n'est pas un mouvement rectiligne et continu; il est un progrès, une ascension, dont chaque
moment décisif répond à un acte contingent, que
justifie la forme supérieure d'existence qu'il permet.
La nécessité, qui répond à l'idée de vérité, n'est que
le plus bas degré de l'être et de la pensée; la nature
n'en sort pas, elle s'y ajoute, en remplissant ses cadres
vides d'une existence réelle ; pas plus que la nécessité

n'explique la nature, celle-ci ne rend compte de l'action, par laquelle la pensée se saisit elle-même comme premier principe : « La plus haute des idées naît d'un libre vouloir et n'est elle-même que liberté. » L'erreur du panthéisme est de tout égaliser, de tout légitimer, en faisant tout nécessaire ; la contingence établit entre les formes de l'être une gradation, une hiérarchie, en même temps qu'elle laisse entre elles un intervalle, que la logique ne peut franchir, parce qu'il ne peut être franchi que par un acte positif. Loin de détruire la raison d'ailleurs, la contingence, plus que la nécessité, la satisfait ; car elle ramène au véritable intelligible qui est le bien. Mais si la vivante dialectique, en dernière analyse, est un progrès vers le bien, si, au terme, la pensée, en se réfléchissant elle-même, se reconnaît comme la réalité suprême, le rationalisme ne peut-il s'achever par un fidéisme, qui ne fait que pousser à ses conséquences dernières la vérité qu'il a démontrée ? Liberté absolue, la pensée ne s'achève-t-elle pas par l'acte qui vraiment la libère, en la retirant de la dispersion sensible et de tout ce qui est encore succession et nécessité ?

Je ne méconnais pas ce qu'il y a de hardi et de généreux dans cet effort pour concilier l'idéalisme absolu avec la religion morale, en se refusant au réalisme hégélien, ce que le système comporte de puissance constructive, de sérieux et de profondeur, mais toujours je me heurte à la même difficulté. En affirmant que le monde est un acte de la pensée, qui ne le connaît que parce qu'elle le crée, l'idéalisme absolu affirme que le monde est *pour* comme *par* la pensée, qu'il n'a de sens et d'existence que parce qu'il lui est nécessaire pour se réfléchir elle-même

Or si le parfait est ce qui est, la pensée n'a que faire d'un objet inadéquat à son infinité, le monde n'est pas seulement inutile, il est absurde, un jeu détestable. D'un mot, l'existence supposée du parfait enlève au monde tout ce qu'il a de rationnel et d'intelligible, emporte tout le progrès dialectique, tout l'*a priori*, avec le mécanisme, la finalité et la nature, et jusqu'à cette vie réfléchie, par laquelle la pensée tout à la fois donne au monde l'existence et s'en distingue (1).

(1) Lachelier, dans un entretien où je lui exposais cette difficulté, essayait, sinon de la résoudre, du moins d'expliquer sa pensée. La raison nous apparaît comme le bien suprême incommensurable à toute autre valeur. Il n'est pas une vie de plaisir, de bonheur, que nous soyons disposés à accepter, s'il nous fallait l'acheter au prix de la raison. Mais d'autre part, à la prendre en elle-même, la raison a quelque chose de vide, de formel; elle ne s'accompagnerait d'un sentiment d'orgueil, qu'on se laissant déjà pénétrer de nature. Dans la vie qu'il nous est donné de vivre, elle se donne en effet un contenu dans la nature, à laquelle sans doute elle est présente, mais qui lui reste inadéquate, infiniment inférieure. C'est la conscience de cette disproportion qui, dans l'antiquité, amène Pyrrhon à considérer tous les biens naturels comme également indifférents (*omnia adæquare*, Cic.). Son scepticisme prétendu n'est que cet anéantissement de toute nature devant la liberté. Mais la vie présente du même coup n'a plus de sens et l'action n'a plus rien où se prendre. Pour échapper à cette indétermination, les premiers stoïciens, parmi les choses, qui restent dans leur fond parfaitement indifférentes, reconnaissent des « préférables ». Il reste que dans la vie présente, entre la raison et son contenu il n'y a pas de commune mesure. La vie religieuse trouve son sens dans cette contradiction qu'elle n'admet pas comme définitive, irréductible. Elle est la conscience de la valeur infinie de la raison, qui réduit la nature à l'indifférence, et elle est l'espérance d'une vie supérieure, pleinement réelle, où la raison trouve un contenu égal à elle-même; la foi dans la perfection, dans l'adéquation de la liberté et de l'objet, de la pensée

Quand on critique un système, on doit toujours
craindre de montrer par ses objections qu'on n'en a
point assez pénétré la logique intérieure. En accordant cependant que la foi n'est pas la raison, qu'elle
la dépasse et qu'en un sens elle la surmonte, il reste
bien difficile de concevoir que la pensée simple, une,
éternelle, tout à la fois existe comme perfection
et pose les déterminations relatives, qui semblent
n'avoir de raison que si elles servent à l'élever à la
conscience d'elle-même. Nous ne saurions ici, d'autre
part, opposant radicalement la raison et la foi, sortir
du doute par un pari, car la pensée nous est présentée
comme l'absolu, et la foi elle-même comme une exigence de la raison, qui demande un objet adéquat à
elle-même et « qui doit être en nous le principe d'une
vie nouvelle plus parfaite et plus heureuse ».

La vie religieuse est, pour Lachelier, la forme la
plus haute de la vie spirituelle, mais la foi laisse entier le système dans ce qu'il a de proprement ra-
tionel. Le point de vue, auquel il se place pour résoudre l'opposition du sujet et de l'objet, est celui
de l'idéalisme absolu. « L'idéalisme ne consiste pas
seulement à croire que les phénomènes ne peuvent
exister que dans une conscience : après l'esthétique
transcendantale, cela ne fait plus question ; il consiste

---

et de la surnature qui lui donne la plénitude d'elle-même.
Incidemment M. Lachelier dit : « Je ne voudrais pas dire que
Dieu créa le monde. » Mais le monde sensible ne doit-il pas
dès lors apparaître comme une illusion, une erreur, une chute?
Et cette hypothèse s'accorde-t-elle avec la dialectique rationnelle qui rattache à la pensée le mécanisme et la nature comme
les moments de la libre détermination qui l'élève à la conscience d'elle-même ?

à croire que les phénomènes ne sont donnés, même dans une conscience, *qu'au moment et dans la mesure* où elle se les donne, qu'ils ne sont, en d'autres termes, que des *représentations actuelles*, et non des phénomènes en soi ; en nombre, par conséquent, toujours actuellement fini, et cependant virtuellement infini, puisque notre imagination nous ouvre sur le passé, comme sur l'espace qui nous entoure, des perspectives sans bornes, et que notre entendement nous force même à approfondir toujours davantage ces perspectives, dans le vain espoir d'arriver à dater et à situer d'une manière absolue le moment et le lieu où nous sommes, tandis qu'il faudrait, au contraire, partir de ce moment et de ce lieu, pour projeter régressivement le monde dans l'espace et l'histoire dans le passé (1). » Ainsi identifié à la pensée, le monde ne peut être qu'intelligible, car il ne saurait contredire la pensée, par laquelle seule il existe, dont il est la représentation actuelle et, plus profondément, dans le temps l'acte intemporel.

Mais l'originalité du système est l'effort pour concilier dans l'idéalisme l'intellectualisme avec la philosophie de la liberté. La méthode n'est pas analytique, elle est synthétique et ascendante. La pensée n'est pas un déroulement de concepts, un jeu d'abstractions qui s'impliquent logiquement, elle est une action progressive, qui monte du déterminisme par la nature vers la liberté. Inséparable de la vérité, elle pose d'abord les conditions abstraites de l'intelligibilité, mais au delà de l'intelligibilité elle veut le

_______

(1) J'extrais ce passage d'une lettre que Lachelier m'écrivit lors de la publication de mon livre sur le néo-criticisme.

réel, et du réel, où elle s'est comme projetée, elle revient à elle-même, se réfléchit et confère l'existence à son œuvre en y consentant. D'un de ces actes à l'autre il n'y a aucune nécessité logique, il y a un progrès réel, auquel répond une décision contingente et libre. Le fond de l'être est liberté, car l'acte est plus profond que les formes par lesquelles il se détermine. Cette contingence est, si j'ose dire, dans l'intemporel l'équivalent du devenir : elle fonde la distinction des valeurs, la hiérarchie des formes de l'existence qui constituent l'ordre moral. Le monde n'est pas un ensemble de phénomènes, qui aient existé et qui existent en dehors de la pensée, mais, au sein de la pensée, il a toute la réalité dont nous avons besoin ; il est l'intelligible, condition de la science, la nature avec la richesse infinie de sés formes et, dans son principe, la liberté supérieure à tout ce qu'elle crée. Pas plus qu'aucun des grands philosophes qui l'ont précédé, Lachelier ne veut expliquer l'être par des concepts : l'abstrait est avant le concret, mais la science ne nous donne que le possible, ce qui, bien loin de constituer l'existence, la limite en la déterminant ; avec la nature nous entrons déjà dans le réel; elle est sensation, élan vital, invention à l'infini, le génie à la fois tout entier présent à chacune de ses œuvres et les enveloppant toutes de son unité ; au-dessus de la science et de la nature s'élève la pensée, non pas la pensée conceptuelle, qui reste dans le formel, qui se divise et s'éparpille, qui par le langage rejoint le mouvement, mais la pensée, acte créateur, intemporel, tout en lui-même, qui fonde la science et la nature dans leurs rapports, relie la continuité de la vie à la discontinuité du mécanisme par la finalité, en les posant comme les moments complémentaires d'une même action progressive. L'intuition est un mode original, irréductible de connaissance ; elle nous affranchit de l'espace et du temps, elle renverse le préjugé de la science qui découpe le réel en phénomènes atomiques, elle concentre tout ce qui est dispersé, dans chaque acte embarrassé de matière elle nous découvre l'acte pur ; mais, loin d'être la négation de l'entendement, elle ne le dépasse que pour le justifier ; loin de ne nous laisser pour vérité que la confusion, elle donne aux principes de la science la nécessité ; elle nous ouvre un monde où nos catégories n'ont plus d'application, mais en rattachant le point de vue du devenir au point de vue de l'éternel, elle garde au premier sa valeur relative et son sens intelligible.

## III

Je ne me fais pas l'illusion de croire que le point de vue de l'être soit à jamais dépassé, que le rationalisme de Platon, de Descartes, de Spinoza ne soit plus qu'une curiosité historique. Nous sommes toujours portés à croire que les idées, auxquelles nous devenons inattentifs, ont perdu leur autorité, quand la négligence même où nous les tenons prépare leur renaissance sous des formes rajeunies. Il faut toutefois reconnaître que l'idée qu'on se fait de la philosophie et l'idée qu'on se fait de la science sont dans une étroite dépendance : le pur rationalisme répond à l'idée de la science, que l'application des mathématiques aux phénomènes observables, de la Renaissance au dix-neuvième siècle, de plus en plus précise, confirme et vérifie. La physique newtonienne, ramenant les faits et leurs rapports à des mouvements susceptibles d'être prévus et calculés dans leur évolution, donnait aux lois constatées une nécessité rationnelle. Les savants ne doutaient pas que la vérité, qu'ils ne voulaient devoir qu'à l'expérience, la dépassât : le mécanisme n'était au terme de la science que parce qu'il était au principe des choses. Le rationalisme recevait des savants cette idée de la science et ne leur reprochait que de la compromettre par un empirisme incapable de la justifier.

Mais par les progrès mêmes de la science les savants ont été conduits à se demander si cette conception d'une mathématique inconditionnelle, qui sortirait des seules données de la pensée, d'une mécanique rationnelle, qui serait la forme nécessaire de toute réalité, n'avait pas pour origine une simplification excessive des complexités de l'expérience. Ils inclinent vers un pluralisme logique, qui varie les méthodes selon les problèmes, et limite l'extension des principes au cercle des phénomènes, dont ils permettent l'explication la plus simple. Les théories ne sont ni des constructions *a priori*, ni des données directement abstraites de la nature ; elles sont des combinaisons logiques, que l'esprit imagine pour traduire les phénomènes réels dans le langage le plus maniable. Les principes de notre mécanique ne prédéterminent pas l'expérience, ils sont des symboles, que l'esprit crée à propos de l'expérience ; ils se justifient par le grand nombre de faits qu'ils relient et qu'ils permettent de prévoir, ils laissent place à des faits qui peuvent en restreindre l'universalité supposée.

Si la vérité scientifique se fait par l'effort de l'esprit, si elle participe du devenir, si elle ne fait qu'approcher la réalité par des symboles, qu'elle ne dérive pas d'un principe unique et nécessaire, nous n'avons aucune raison de mettre l'abstrait avant le concret, l'être formel avant l'être réel, avant la nature son idée. La science est un moment de l'action, par laquelle l'esprit se constitue dans son unité et réalise sa forme propre ; elle répond à son effort pour mettre l'ordre dans ses représentations et par suite dans l'objet qui ne lui est donné qu'en elles. Mais les vérités, que l'entendement discursif décompose pour en relier logiquement les éléments, sont découvertes par l'acte synthétique d'une spontanéité, à laquelle ni le hasard, ni la combinaison réfléchie des idées ne suppléent. Dès lors, en tout ce qu'elle comporte d'invention, la science est dans l'esprit l'œuvre de la nature ; c'est la nature qui par l'esprit, où elle se découvre elle-même, crée la vérité en définissant par des méthodes de plus en plus ingénieuses les lois constantes de son action. Le mécanisme n'est pas une nécessité rationnelle, antérieure aux faits, il est un point de vue que la nature prend sur elle-même, pour poursuivre son œuvre avec de nouveaux moyens d'action. Dans la science, le travail logique, qui se mêle à la découverte et la continue, observation, expérience, contrôle par les faits, adaptation de la vérité nouvelle au système des vérités antérieures, ne laisse plus soupçonner le rôle essentiel de la spontanéité créatrice. Dans l'action esthétique, l'objet n'est plus imposé à l'artiste, il doit se le donner à lui-même, mais il ne se le donne qu'en sollicitant une force profonde qui travaille en lui,

qui mêlée intérieurement à son individualité spirituelle
la dépasse, et répond à son aspiration par une beauté
qu'il a voulue, mais qu'il reçoit autant qu'il la fait (1).

(1) Avec d'autres préoccupations sans doute M. Lachelier a
montré fortement cette présence réelle de la nature à l'esprit
dans l'invention : « On pourrait dire que la nature fait preuve
d'une sorte de liberté, chaque fois qu'elle produit d'elle-même
et sans modèle une nouvelle forme organique... La liberté semble consister, en effet, dans le pouvoir de varier ses desseins et
de concevoir des idées nouvelles ; et la loi des causes finales exi-
geait absolument qu'il existât une telle liberté, puisque l'unité
systématique de la nature ne pouvait se réaliser que par une
suite d'inventions originales et de créations proprement dites.
Seulement il y a dans la nature deux sortes d'idées : il y en a
comme celles que l'on a appelées organiques, qui sont des
êtres en même temps que des idées et qui produisent elles-
mêmes, par une action immédiate et intérieure, la forme sous
laquelle elles se manifestent. Il y en a d'autres, au contraire, qui
sont de pures idées et qui se bornent à diriger l'action d'un être
dans lequel elles résident... Or, tant que l'homme n'a pas paru
sur la terre, la nature se montre surtout prodigue d'idées réelles, c'est-à-dire qu'elle crée une immense variété d'espèces
végétales et animales, tandis qu'elle ne donne à chacune de
ces dernières qu'un petit nombre de types d'actions à peu
près invariables, qui composent ce que l'on appelle son instinct.
Mais l'avènement de l'humanité renverse le rapport de ces
deux sortes d'idées, car, d'une part, nous ne voyons plus naître aucune espèce nouvelle, et, de l'autre, le privilège de
notre intelligence est d'inventer à son tour et de concevoir un
nombre infini de pures idées, que notre volonté s'efforce ensuite
de réaliser au dehors. L'oiseau ne construit que son nid, qui
est une sorte de prolongement de son propre corps ; l'homme
change la face de la terre et fabrique pour son service des
corps analogues au sien, qu'il anime d'une sorte de vie empruntée et artificielle. Mais ce qu'il y a de plus remarquable,
c'est que ces idées ne se rapportent pas toutes à la conservation ; celles de ses œuvres auxquelles il attache le plus de
prix, sont précisément celles qui le surpassent, en quelque

La vie morale nous montre dans un rapport plus
intime encore la nature et l'esprit : l'invention ne
porte plus sur la découverte des relations abstraites
entre des phénomènes donnés, elle n'est pas l'évoca-
tion d'un monde qui nous laisse dans l'apparence
que nous avons créée, elle est l'invention d'idées,
qui doivent trouver leur expression concrète dans
la nature elle-même, inaugurer, en y faisant pénétrer
un ordre nouveau, une forme plus haute d'existence.
La nature est intérieure à l'esprit, qui l'achève en
l'élevant au-dessus d'elle-même, et en lequel elle ne
se voit et ne se juge que pour poursuivre son œuvre
par une action, dont l'efficacité donne une réalité au
devenir. Sans doute il semble que l'idéal ne puisse
être qu'antérieur à l'action, qu'il doit informer, que
le plus ne puisse sortir du moins, le réel du virtuel,
mais la notion d'une activité positive enveloppe et
résout cette contradiction, et à coup sûr il n'est pas
plus facile d'entendre que le bien soit le principe du
mal, la raison absolue de l'absurdité relative, que
si tout est fait, quelque chose reste à faire. La foi
n'est pas l'intuition de ce qui est, la possession anti-
cipée de l'existence supra-sensible, elle est l'élan de
l'action qui se continue, et elle ne se justifie, quand
elle se réfléchit, que par l'ordre intellectuel et moral,
que par la justice que nous réalisons dans nos idées,
dans nos intentions et dans nos actes, dans la société
et par elle dans le seul monde, où il nous est donné de
vivre et d'agir.

sorte, et qui lui présentent l'image embellie de ses traits ou
de ses actions. La fécondité de la nature se retrouve donc
tout entière, quoique sous une autre forme, dans la liberté de
l'homme. »

# TABLE DES MATIÈRES




4676. — Tours, Imprimerie E. Arrault et Cⁱᵉ.